FIN...EY COUNTY PUBLIC...Y

D0880612

133.5 LESU
Lesur, Luis.
Las claves ocultas de la
Virgen de Guadalupe /

Las claves ocultas
de la Virgen de Guadalupe

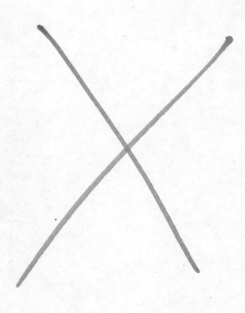

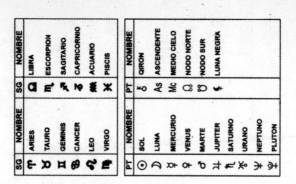

SG	NOMBRE	SG	NOMBRE
♈	ARIES	♎	LIBRA
♉	TAURO	♏	ESCORPION
♊	GÉMINIS	♐	SAGITARIO
♋	CANCER	♑	CAPRICORNIO
♌	LEO	♒	ACUARIO
♍	VIRGO	♓	PISCIS

PT	NOMBRE	PT	NOMBRE
☉	SOL	⚷	QIRON
☽	LUNA	As	ASCENDENTE
☿	MERCURIO	Mc	MEDIO CIELO
♀	VENUS	☊	NODO NORTE
♂	MARTE	☋	NODO SUR
♃	JUPITER	⚸	LUNA NEGRA
♄	SATURNO		
♅	URANO		
♆	NEPTUNO		
♇	PLUTON		

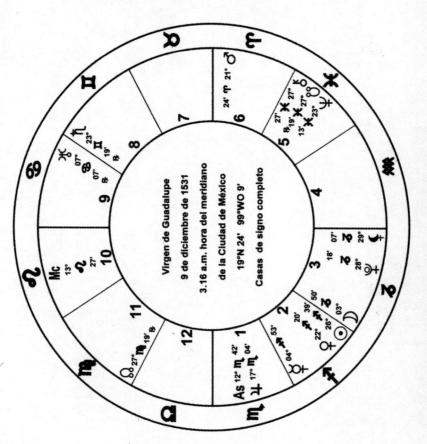

Virgen de Guadalupe

9 de diciembre de 1531

3.16 a.m. hora del meridiano

de la Ciudad de México

19°N 24' 99°WO 9'

Casas de signo completo

Luis Lesur

Las claves ocultas
de la Virgen de Guadalupe

PLAZA JANÉS

**Las claves ocultas
de la Virgen de Guadalupe**

Primera edición, 2005

© 2004, Luis Lesur

D. R. 2005, Random House Mondadori, S.A. de C.V.
    Av. Homero No. 544, Col. Chapultepec Morales,
    Del. Miguel Hidalgo, C.P. 11570, México, D.F.

www.randomhousemondadori.com.mx

Comentarios sobre la edición y contenido de este libro a:
literaria@randomhousemondadori.com.mx

Queda rigurosamente prohibida, sin autorización escrita de los titulares
del *copyright*, bajo las sanciones establecidas por las leyes, la reproducción
total o parcial de esta obra por cualquier medio o procedimiento, com-
prendidos la reprografía, el tratamiento informático, así como la distribución de ejemplares de la misma mediante alquiler o préstamo público.

ISBN: 968-5958-05-X

Impreso en México / *Printed in Mexico*

A mi esposa Bárbara

ÍNDICE

Agradecimientos

En primer lugar a mi esposa, por sus sugerencias, entusiasmo, paciencia e incondicional apoyo durante todo el desarrollo de este proyecto.

Estoy en deuda por la ayuda que me dieron en distintas etapas de la realización de esta obra con Lucía Álvarez, Lynn Bell, José del Val, Cristina Fabbri, Yolotl González, Lourdes Hinojosa, Luis Lesur Esquivel, Anthony Louis, José Antonio Lugo, Carlos Maldonado, Patricia Morales, Julia Palacios, Lidia Pérez, José Manuel Redondo, Oscar Solís, Tábata, Marta Terán y José Zaragoza. Agradezco también a todos mis alumnos, que sirvieron de conejillos de indias escuchando pacientemente la lectura de algunos pasajes.

Un milagro es la idea de un materialista de cómo escapar de su materialismo.

GREGORY BATESON

La noche se acaba antes de que uno termine de contar las estrellas.

PROVERBIO DE LA ETNIA FIPA

El cuerpo eterno del hombre es la imaginación.

WILLIAM BLAKE

El mito es la verdad penúltima. Penúltima porque la última no puede ser puesta en palabras.

JOSEPH CAMPBELL

Ahora necesitamos un nombre para aquellos que valoran la esperanza por sobre las expectativas.

IVAN ILICH

La astrología

El propósito de este ensayo es explorar los signos celestes que, de acuerdo con la perspectiva de la astrología occidental, estuvieron presentes en el cielo del Tepeyac en diciembre de 1531. Ese año, según la tradición guadalupana, se apareció la Virgen de Guadalupe a Juan Diego.

Sería insensato de mi parte pretender que este texto pudiera tener algo de estudio científico; lo que sí procuro dentro de mis limitaciones, ya que no soy académico, es en la medida de lo posible no perder de vista los hechos. Estoy consciente de la importancia de la figura de la Virgen de Guadalupe, tanto en la historia religiosa de nuestro país como en la de la heráldica, la antropología, el arte y la cultura popular, áreas en las que en tiempos recientes han empezado a aparecer estudios de gran interés. Sin embargo la mía es una exploración que usa la materia prima de los símbolos,[1] no una genealogía de las alegorías; por lo tanto, cometeré intencionalmente el pecado de hacer un análisis casi por completo a-histórico. Como diría la fenomenología: reflexión sin explicación.

No tengo el menor interés en defender a la astrología frente a la indignada mojigatería histérica y fundamentalista de quienes protegen a la ciencia frente a los embates de la superstición. De antemano me declaro supersticioso y les doy toda la razón cuando hablan de la imposibilidad de encontrar un mecanismo que permita la existencia de un supuesto efecto astrológico. Ni el electromagnetismo, ni la gravedad, ni las fuerzas atómicas débiles o fuertes pueden hacer el truco. El inviolable axioma de la acción a distancia no está siendo cuestionado.[2] En cierta ocasión el filósofo Wallace Stevens escribió algo que es pertinente para que los astrónomos se sientan más tranquilos respecto de la naturaleza de la astrología: «La certidumbre última es el creer en una ficción, sabiendo que se trata de una ficción, pues no hay otra cosa. La exquisita verdad es el reconocer que es una ficción y que se cree en ella voluntariamente».[3]

En paráfrasis a Wallace Stevens diré que no tengo problemas si alguien prefiere considerar lo que escribo como una mezcla de ciencia ficción, filosofía ficción, antropología ficción y psicología ficción; y con ello, ver cualquier parecido que pueda tener con la realidad como mera coincidencia. Para los lectores que disfrutan indignándose con todo lo que tenga que ver con astrología, estuve tentado de poner la siguiente advertencia al comienzo: «El contenido de este libro es exclusivamente para su uso como entretenimiento»; sin embargo mi cinismo no da para tanto, pues francamente creo en la utilidad de la astrología y en que los lectores libres de prejuicios merecen una presentación más meditada sobre el tema.

La sustancia básica del pensamiento astrológico es la imaginación, cuyas reglas y prioridades son distintas de la racionalidad de las disciplinas científicas, incluso de las sociales. La tradición racionalista supone que la comprensión de un fenómeno social consiste en poder establecer la variedad de causas y efectos que condujeron a él. Frente a esto, el anacronismo de intentar dar sentido a las cosas a través de algo como la astrología tiene que entenderse como una respuesta romántica ante la tiranía de las causas eficientes. El saber astrológico en cierto sentido está más cerca del tipo de comprensión del mundo que nos ofrece la poesía, la pintura o la música. Aunque la astrología no es ciencia, tampoco es arte y situarla en el género equivocado, cosa que en un entendible afán clasificatorio se hace con frecuencia, lleva a que se le exijan condiciones para reconocerle una legitimidad que ella nunca ha pretendido. Desafortunadamente, aunque estos prejuicios son entendibles, sólo cancelan la posibilidad de ver las cosas desde un ángulo nuevo, lo que inevitablemente conduce al empobrecimiento de nuestra mirada. En sus orígenes la astrología era el sistema que posibilitaba una respuesta unificada a los misterios del mundo. A partir de la segunda mitad del siglo XVII, poco a poco se fue convirtiendo en una disciplina limítrofe, estableciéndose en lo que quedó del esfuerzo unificador: el relegado punto ciego que forma la intersección entre ciencia, arte, religión y filosofía.

Quizá la mayor riqueza que puede ofrecernos la astrología en la actualidad es proveernos de una experiencia de reflexión seria, en la que la razón, aunque presente y necesaria, está en la periferia y no en el centro. Mi pretensión en ese sentido es que algunos lectores reconsideren el reto intelectual que puede implicar un aspecto central, pero abandonado de su propia herencia, y exploren la inmensa riqueza que se puede hallar en él.

El trabajo del astrólogo consiste en establecer un diálogo con formas llamadas símbolos. Los símbolos forman parte de lo que algunos académicos han denominado mundo imaginal. Los símbolos no pueden descifrarse, sólo interpretarse. Los frutos de la interpretación de los símbolos son las metáforas. La producción de metáforas a partir de símbolos horoscópicos es lo que comúnmente se llama interpretación astrológica. Eso es lo que pretendo conseguir en este ensayo.[4]

Lo que escribo a continuación es un esfuerzo para servir de guía a los lectores en un recorrido por algunos de los pasadizos del vasto sistema de vasos comunicantes que se nos abre al mirar al cielo como un espejo de los asuntos terrenos. El lenguaje astrológico permite establecer conexiones y vínculos que de otra manera serían imposibles, permitiéndonos ver las cosas desde un sitio distinto, lo que resulta, al menos para mí, tremendamente enriquecedor. Y es justamente en este punto donde es perfectamente válido estar en desacuerdo con la astrología; su legitimidad debe establecerse a partir de qué tan estimulante sea lo que nos diga sobre algo, y no como consecuencia de si la disciplina pertenece a una familia bien o no. Así que para los atraídos por la astrología, su utilidad estriba en última instancia en que nos hace posible encontrar una textura y tonalidad nuevas a todo aquello que examinamos con sus símbolos.

Vale la pena recordar que es posible hablar de varias tradiciones astrológicas, algunas con gran vitalidad en nuestros días, como la china, la hindú y la occidental (que es la misma que se practica en el Islam), y otras en peligro de desaparecer, como la tibetana. Mención aparte merece la astrología o astrologías nacidas en Mesoamérica, que alcanzaron gran sofisticación antes de la llegada de los españoles para después caer por mucho tiempo en el olvido. En la actualidad varios estudiosos tratan de restaurar su esplendor original. El interés de algunos es académico; el de otros, quizá menos aséptico. En lo que todos coinciden es que en este terreno queda todavía mucho trabajo por hacer. Sin embargo, aunque en plena reconstrucción, es muy probable que por el carácter del tema que nos ocupa la tradición astrológica mesoamericana pudiera tener algo significativo qué decirnos. Desafortunadamente a este respecto debo reconocer mi limitación, ya que mi área de especialidad se ubica en la tradición occidental. Sé que es políticamente incorrecto no considerar tradiciones nativas, sobre todo en un asunto que toca fibras tan sensibles, pero para evitar documentar mi ignorancia más de lo necesario, intentaré no salirme del área en la cual tengo cierta experiencia.

La hipótesis que he desarrollado durante mi inmersión en este asunto es que el horóscopo que analizo no es únicamente el de la Virgen de Guadalupe. Mi reflexión sobre este mapa astrológico me hace aventurar que esa fecha en 1531 no sólo implica una aparición, sino también una fundación.[5] No pienso que se trate de la fundación del México que implica un Estado y fronteras geográficas definidas. Los Estados nacionales son fundados con eventos de una importante carga simbólica, pero históricos y reales, no puramente míticos; por ello ni siquiera el año de 1810 nos ofrece el horóscopo más adecuado para México como país. Hay que esperar hasta 1821, al Plan de Iguala, a los Tratados de Córdoba, a la entrada del Ejército Trigarante y la firma del Acta de Independencia para tener verdaderos momentos fundacionales.[6] Pero si removemos al Estado de la ecuación y nos referimos simplemente a la cultura mexicana, con todo lo que de ambigüedad y a-historicidad implica, podremos hablar de fundación o fundaciones míticas. Me parece, después de analizar este horóscopo, que la fecha tradicional de la aparición de la Virgen de Guadalupe es una buena candidata para representar el momento del establecimiento de nuestra cultura (aunque reconozco que no he siquiera establecido cuáles son todos los otros posibles candidatos). Es por ello que mi interpretación en este texto sigue dos hilos conductores claramente definidos pero estrechamente entrelazados: la Virgen de Guadalupe y la cultura mexicana como distinta de sus contemporáneas y de sus antecesoras. Debo de advertir también que, por lo inasible de ambos asuntos, incluso a mí a veces me resulta difícil saber cuándo la interpretación que hago corresponde a uno o al otro.

Curándome en salud debo de apuntar que con sólo mirar a mi alrededor me queda claro que no hay un solo México ni una sola cultura mexicana, sino para fortuna de todos una gran diversidad. México —y su cultura— por fuerza es a la vez generalización e invención; en este caso hasta indulgencia de mi parte si se quiere. A pesar de ello lo que pretendo es enriquecer una discusión que a muchos sigue interesando. Trataré de demostrar a lo largo del texto que hay que entender a lo mexicano y a la identidad nacional primariamente desde el lado femenino. Me parece que este punto de vista no ha sido suficientemente explorado o valorado en las reflexiones sobre este asunto.

En la exploración astrológica que comenzamos, he procurado mantener al mínimo la jerga especializada de los astrólogos, ya que resulta incomprensible para los que no lo son. Sin embargo, el erradicar del todo los términos técnicos no sólo sería imposible, sino incluso contraproducente pues muchos de ellos tienen una belleza y un poder de evocación en sí mismos, que haría que una parte sustancial de los argumentos perdiera legitimidad al prescindir de ellos. Es por eso que he optado por no desterrar este anticuado lenguaje de iniciados y más bien tratar de integrarlo y explicarlo. El resultado es que lo que aquí escribo ha terminado por ser tanto sobre la astrología de la Virgen de Guadalupe y la cultura mexicana, como sobre la astrología misma.

Aclaración para los creyentes y los no creyentes

El culto a la Virgen de Guadalupe y la imagen misma son asuntos con los que no puedo negar tener un fuerte vínculo afectivo. Ambos tienen para mí una profunda importancia personal, de otra manera no me hubiera interesado por escribir este texto. Soy un amateur, no un profesional que intenta hacer alguna clase de estudio objetivo. Debo reconocer por ello que soy sujeto del mismo tipo de fascinación que siente por la virgen una parte importante de la población de México. Sin embargo no creo que la aparición milagrosa de la imagen en la tilma de Juan Diego pueda considerarse un hecho histórico.

Tengo problemas con la explicación sobrenatural, pero no pongo en duda la fuerza, ni la bondad con que la imagen de la virgen nos permite entrar en contacto. Tampoco creo que sea una contradicción el que no se tenga que tomar como factual la historia de su aparición para aceptar su poder. Así que en este ensayo parto de la premisa de que la narración protagonizada por Juan Diego pertenece a la categoría de lo mítico;[7] y los mitos, leídos creativamente, pueden expresar algo valioso y real, sin importar que no se trate de una verdad histórica o literal. Los mitos nos comunican en imágenes y narraciones aspectos de una realidad interior y existencial. Aunque para mí es tan esencial este mundo subjetivo como el otro, el material, también creo que es importante distinguir entre una realidad de la otra. No hacer esta distinción es uno de los caminos más cortos al fanatismo y a la intolerancia.

El origen histórico probable

«Todo fiel cristiano mexicano sabe que, de los días 9 a 12 de diciembre de 1531, se apareció la Virgen María al indio Juan Diego en el cerro del Tepeyac y le mandó dijese al obispo de México, don fray Juan de Zumárraga, que le erigiese un templo. Dudó el obispo y pidió una señal al indio mensajero, el cual, por orden de la Señora, cortó rosas y flores del lugar y las llevó al prelado, admirándose los dos de que, al abrir la capa en que las llevaba envueltas, apareciese milagrosamente pintada una imagen que hoy México venera con el nombre de Nuestra Señora de Guadalupe.»

Así describe Francisco de la Maza la aparición de la virgen al comenzar su obra clásica *El guadalupanismo mexicano*. La tradición católica mexicana dice que, a partir de ese momento, el culto a la Virgen de Guadalupe poco a poco fue creciendo hasta alcanzar la extraordinaria popularidad de que goza en la actualidad, incluso más allá de las fronteras del país. Para muchos, notablemente los millones de mexicanos que viven en Estados Unidos, se trata del verdadero símbolo de su nación.

Una parte importante de los mexicanos cree fervientemente en el origen milagroso de la imagen; y sorprende que esta idea sea poco cuestionada por mucha gente con educación sin que necesariamente sean católicos practicantes.

Con base en estudios serios más recientes, principalmente los del historiador Rodrigo Martínez, y descartando la intervención sobrenatural, haré a continuación una breve reconstrucción de lo que los especialistas consideran que podría ser el origen más probable del culto guadalupano. Me he permitido introducir algunas especulaciones en ciertos puntos, pero he tratado todo el tiempo de ser fiel a los datos históricos:

Después de la Conquista, Cortés regresó a España acompañado de un puñado de sus hombres, entre ellos su amigo cercano y como él extremeño, Gonzalo de Sandoval, quien poco después enfermó y murió. Como Sandoval era muy devoto de la Virgen de Guadalupe, en señal de luto, Cortés visitó la ermita dedicada a ella en Extremadura y cuidada por frailes jerónimos. Cortés pasó ahí algunos días recluido meditando.

La Virgen de Guadalupe española apareció en 1322 en la sierra de Las Villuercas en Extremadura. Su nombre quiere decir «río escondido». La figura de madera que la representa pertenece al género conocido como vírgenes negras, por la madera oscura con que fueron elaboradas. La mayoría de los académicos piensa que esta estatuilla es de origen bizantino y probablemente fue escondida en una cueva por algún monje al huir de los árabes. El descubridor de la figura o, según la tradición piadosa, a quien se le apareció, fue un pastor llamado adecuadamente Gil Cordero.

Ya de vuelta en México, Hernán Cortés mandó construir en 1531 una ermita a la Virgen de Guadalupe en memoria de su camarada muerto. El lugar que eligió fue el cerro del Tepeyac, al pie del cual estaba la base de operaciones de Sandoval y sus hombres durante el largo sitio a Tenochtitlán. La nueva ermita fue encargada a los franciscanos, pues pasarían todavía muchos años antes de que llegara a América la tan importante en España Orden de San Jerónimo. Por mucho tiempo la ermita careció de una imagen de la virgen.

El Tepeyac de entonces no era un sitio neutro en cuanto a cuestiones religiosas, ya que en él los mexicanos rendían culto a Cihuacóatl, la mujer serpiente, principalmente bajo su advocación de Tonantzin, nuestra madre tierra. Se sabe también que había al menos un templo dedicado a Tláloc en el lugar. La ermita a la virgen extremeña alcanzó bastante popularidad entre los indios; sin embargo veinte años después las autoridades católicas estaban preocupadas porque el culto en el Tepeyac tenía características francamente idolátricas.

Recién llegado el arzobispo Montúfar, en 1554, retiró la administración de la ermita del Tepeyac a los franciscanos, que preferían no intervenir en algo que reconocían como paganismo. El control de la ermita pasó entonces al clero secular. Para contrarrestar el culto a ídolos, con el que no querían tener que ver los franciscanos, Montúfar encargó al reconocido pintor nahua Marcos Cípac de Aquino, de la escuela de fray Pedro de Gante, una imagen de la Virgen María Inmaculada para ser colocada en el lugar. Ésta es la misma que conocemos, aunque entonces sin rayos ni corona. No hay un modelo original idéntico de esta obra pintada de acuerdo con los cánones occidentales de representación seguidos en la alta Edad Media. Una pintura que se encuentra en una de las capillas laterales del Monasterio de Guadalupe, en España, es quizá la más parecida. Según el historiador de arte Francisco de la Maza, la Virgen de Berlín es otra de las obras anteriores de mayor similitud. De la Maza también menciona un grabado flamenco que alcanzó bastante popularidad en el siglo XVI en España y en el Nuevo Mundo.

La ermita conservó el nombre de Guadalupe, pero se prefirió deliberadamente no usar como modelo a la más conocida figura española de madera, pues de otra manera las limosnas recogidas en el Tepeyac tendrían que ser enviadas a los jerónimos en la casa matriz en Extremadura.

La pintura fue colocada en la ermita a comienzos de diciembre de 1556, mientras miles de trabajadores indios comenzaban en los alrededores las reparaciones a los diques de la ciudad, ordenadas por el virrey don Luis de Velasco. Aprovechando esa multitud de testigos se organizó una aparición ceremonial y teatral con el acostumbrado drama y los efectos especiales de las grandes obras religiosas de la época. Parece ser que fue para esta ocasión que el sabio nahua Antonio Valeriano (1524?-1605) escribió el primer relato de las apariciones. El texto se conoce por sus primeras palabras en lengua indígena: *Nican mopohua* («aquí se cuenta»). La existencia de este relato se explicaría entonces como un encargo del propio Montúfar para el guión de un auto sacramental que se representaría justamente entre el 9 y el 12 de diciembre de ese 1556. Valeriano situó la historia veinticinco años antes, para asociarla a la fundación de la ermita por Cortés. Aunque, como mencionamos arriba, la imagen presentada entonces no correspondía iconográficamente a la de la figura tallada al estilo bizantino encontrada en Extremadura; era importante por razones de sensibilidad política y religiosa no cambiar el nombre que originalmente había escogido el propio conquistador.

Durante el resto del siglo XVI y la primera mitad del XVII el culto a la virgen en el Tepeyac fue prácticamente olvidado por criollos y españoles. Incluso muchos religiosos, particularmente los franciscanos, continuaron con su condena, pues con imagen y todo seguían considerándolo idolátrico.

Fue hasta 1648, con la publicación del libro *Imagen de la Virgen María Madre de Dios de Guadalupe*, del bachiller Miguel Sánchez, que se narró por primera vez en español la historia de las apariciones. Al año siguiente Lasso de la Vega publicó el *Nican mopohua*, que a decir de muchos expertos originalmente es de la pluma de Valeriano. Sin embargo el especialista en asuntos guadalupanos Stafford Pool asegura que un estudio cuidadoso del náhuatl en que fue escrito sugiere que no fue Valeriano, sino el propio Lasso de la Vega, el autor. Esto situaría el origen del mito casi cien años después de la colocación de la imagen. Tengo la impresión de que los especialistas guadalupanos tienden a preferir a Valeriano sobre Lasso de la Vega. De cualquier manera, desde mediados del siglo XVII empezaron a surgir varias obras alrededor del culto y los milagros de la Virgen de Guadalupe. Hay que entender que este nuevo interés fue alimentado por la discriminación que sufrían en aquel tiempo los criollos a manos de los españoles peninsulares. Se trató de un intento de dignificar lo mexicano ya que, a más de cien años de la Conquista, varias generaciones de españoles nacidos en América resentían el desprecio de los nacidos en el Viejo Mundo. El que la Virgen María, la madre de Dios, hubiera aparecido en la Nueva España dio a esta tierra una importancia y una dignidad que contribuyó a que los criollos no se sintieran como habitantes de segunda en la periferia olvidada del mundo. En esa época, según nos dicen quienes han estudiado de cerca el lienzo, la Virgen de Guadalupe todavía no era morena, sino blanca.

Desde entonces y hasta el siglo XIX, muchos escritores criollos se unieron en una campaña para presentar a México como un país con un lugar importante en la historia de la humanidad. La base para sus alegatos fueron las apariciones de la virgen en el Tepeyac y, conforme se alejaba la Conquista, las glorias del pasado prehispánico. De hecho la imagen de la virgen fue el principal símbolo del orgullo nacional de los criollos frente al desprecio peninsular. El que el cura Hidalgo tomara como emblema de su revuelta el estandarte con su imagen no fue una ocurrencia del momento, sino algo que reflejaba el sentir de todos los novohispanos, que verdaderamente la veían como su escudo.

Comentario sobre las estrellas del manto

Antes de pasar a la parte propiamente astrológica, no quisiera dejar de hacer un comentario sobre el lienzo y sobre lo que algunos han considerado como una prueba más de su origen sobrenatural. Sin embargo sobre el asunto de la pintura misma recomiendo consultar los trabajos de Leoncio Garza-Valdés, que entre otras muchas cosas demuestran la existencia de tres imágenes sobrepuestas, dos de ellas, de acuerdo con Garza-Valdés, con firmas y fechas claras: M.A. (Marcos Aquino) de 1556, la siguiente de J.A.C. (Juan de Arrue Calzonzin) de 1625 y una tercera con firma ilegible.

Como dijimos al comienzo, éste es un ensayo sobre la astrología de la aparición guadalupana, así que lo que pueda decirse o interpretarse acerca de estrellas y constelaciones es de nuestra incumbencia. Mi fuente de información sobre esta interpretación de los trazos en el manto es la *Enciclopedia Guadalupana*, editada por el padre Escalada. Un estudio publicado como apéndice en esta enciclopedia afirma que los luceros en la túnica corresponden a las constelaciones que podían verse en el cielo el día de la aparición. De hecho el texto está acompañado por una ilustración que coloca una proyección de una sección del cielo sobre el manto de la virgen, en donde las estrellas que forman ciertas constelaciones corresponden exactamente a las del manto. Tengo cuatro observaciones que hacer al respecto:

1. Los estudios sobre la pintura indican que las estrellas que podemos ver en la actualidad fueron agregadas tiempo después de que se pintó la imagen original (tal vez 1625, mientras que el trazo original data de 1556). Así que las estrellas no forman parte de la figura como se conoció durante el siglo XVI.

2. Las constelaciones no cambian, por lo menos no visible-
mente, en el lapso de unos cuantos siglos.[1] Por lo tanto,
afirmar que en el lienzo aparecen como estaban el día de la
aparición carece de sentido. Están así todo el tiempo.

3. Como el cielo es una esfera y los mapas que pretenden
representarlo son planos, siempre se requiere de alguna
proyección y eso necesariamente implica una distorsión de
alguna clase. En ese tipo de proyecciones, como las que se
utilizan al representar al globo terráqueo en un planisferio,[2]
la deformación suele ajustarse de acuerdo con el uso que
se le quiera dar. El autor de la teoría de las constelaciones
en el manto no nos dice el criterio que escogió para establecer el grado específico de deformación que aplicó a la
bóveda celeste, o si ésta es de uso común entre los astrónomos. Con un poco de malicia incluso se puede sospechar
que se llegó a ella por medio de la prueba y el error, hasta
que las estrellas coincidieron, lo cual no es muy difícil dado
su número y tamaño.

4. En realidad las estrellas aparecen en el manto de manera
casi perfectamente equidistantes, con lo que, dejando de
lado incluso la clase de proyección, no es complicado
encontrar patrones que correspondan con su distribución.
Igual que coinciden ciertas constelaciones, pueden ajustarse
otras, pero si nos esforzamos, también podemos hacerlas
coincidir con las principales ciudades de Europa en un
mapa, o con las manchas en la piel de un leopardo.

En conclusión, no vale la pena dar más consideración a esta
idea que como ejemplo de un esfuerzo ingenuo de alguien
que no distingue lo literal de lo metafórico.

En busca de la carta natal
de la Virgen de Guadalupe

Independientemente de que la narración tradicional de la aparición pueda o no considerarse como un evento histórico literal, el hecho de que Valeriano o Miguel Sánchez nos hayan dejado una serie de fechas, que sabemos son de eventos que nunca tuvieron lugar, nos ofrece la oportunidad de acceder a un momento mítico fundador. Dadas estas circunstancias y siguiendo la lógica de los símbolos, que no de los hechos, me parece más adecuado buscar como base para levantar el horóscopo de la Virgen de Guadalupe una fecha literaria y no una histórica.[1]

El padre Mario Rojas, en un interesante artículo,[2] nos dice que en el año trece carrizo (1531), en el mes *atemoshtli* (29 de noviembre - 18 de diciembre) se esperaba el nacimiento del «Niño Agua Nueva». También nos habla de la terminación de un ciclo calendárico de 104 años por esos mismos días (probablemente trece ciclos completos de la conjunción Sol-Venus, de ocho años cada uno). El padre Rojas trata de mostrarnos con ese dato que las fechas de las apariciones eran consideradas importantes ya desde antes de la llegada de los españoles. Mis cálculos, corroborados por distintos programas de cómputo astronómico, sitúan las alineaciones de Venus con el Sol lejos de las fechas que señala la tradición. La conjunción más importante ocurrió el 12 de marzo de 1531, el día del equinoccio de primavera.[3] La otra conjunción, mucho más cercana pero menos significativa porque no coincide con ningún otro evento astronómico, fue después del 18 de diciembre, diez días demasiado tarde.

Me parece, al revisar las posiciones planetarias de la época, que si un fenómeno astronómico peculiar debiera ser la pista a seguir, entonces habría que olvidar las fechas tan precisas que señala el relato, pues no parece haber nada particularmente significativo en el cielo entonces. Por mi parte, en principio coincido con que un evento entre Venus y el Sol es consistente con el simbolismo guadalupano. Mi objeción con ese argumento es que las conjunciones que ocurrieron ese año no tienen nada que las haga tan especiales como para haber sido elegidas *a priori*.[4] Debo subrayar que desconozco los criterios que la astrología mesoamericana hubiera usado y sólo tomo en cuenta lo que me muestran las herramientas que conozco. Insisto, ésta es una visión desde la astrología occidental y en ciertos casos tiene limitaciones frente a otras, pero si se maneja con solvencia es un poderoso instrumento para construir sentido.

Después de explorar la posibilidad de las conjunciones, decidí permanecer fiel a mi premisa original y tomar como única referencia las fechas y los eventos que menciona la narración. Considero más saludable no distraer la indagación pensando que ya se sabía de antemano que algo importante de naturaleza mística ocurriría en esas fechas. Es importante en este punto no tratar de exorcizar la arbitrariedad y tener claro que la ausencia de una profecía que anunciara la llegada de la virgen de ninguna manera resta legitimidad simbólica a la fecha en que ésta se supone que ocurrió.

Aceptemos entonces comenzar nuestra búsqueda de una carta natal para la Virgen de Guadalupe únicamente a partir de las fechas que menciona la tradición. Sigamos para ello las reglas de un proceso ritual que los astrólogos llamamos rectificación, cuya finalidad es encontrar el momento en el tiempo que mejor describe un fenómeno que conocemos, pero que no sabemos con certeza cuándo ocurrió.[5] De acuerdo con este criterio, de las cuatro apariciones podemos descartar sin problemas dos, y dejar como finalistas a las que corresponden al nueve y al doce de diciembre de 1531. El nueve, cuando ocurre la primera manifestación; y el doce, donde se materializa la imagen en el ayate de Juan Diego. La razón por la que dejo fuera las otras dos sin revisarlas más detenidamente es que los astrólogos tradicionalmente sólo consideramos como «momentos astrológicamente significativos» a las primeras expresiones de algo.[6] Sin embargo tampoco podemos descartar automáticamente el momento en que la imagen se plasmó en el lienzo y cuya importancia queda de manifiesto en que es finalmente la fecha que celebramos. Una vez calculadas ambas opciones, no es complicado decidirse, a partir de consideraciones astrológicas, por la del nueve de diciembre. Al evaluar la principal diferencia entre ambas fechas, que es el signo del Zodiaco por el que pasaba la Luna, hay algo que encaja perfectamente con el día nueve y no con el doce. La madrugada del nueve la Luna estaba en Capricornio y este signo inmediatamente nos remite a una gran cantidad de temas simbólicos asociados a México, como veremos con detenimiento párrafos adelante. También durante unas horas antes del amanecer del día nueve, la Luna formó una conjunción muy estrecha con un pequeño asteroide. Su número de catálogo es el 170 y fue bautizado por los astrónomos con un nombre muy simple: «María». No encontré conexiones similares con la Luna en Acuario, donde estuvo el día doce, ya que este signo en nuestro contexto es más bien estéril (los asteroides con nombre de mujer con los que estuvo en conjunción la Luna entonces se llaman «Matilda» y «Noemí»).[7]

Una vez decidida una fecha, queda todavía el asunto más laborioso de resolver: el de la hora. Dice el texto atribuido a Valeriano que era «muy de madrugada». La madrugada propiamente va de las cero horas al amanecer. Ese día amaneció a las 6.29 de la mañana,[8] así que podemos situar a nuestro evento en algún momento en ese lapso de seis horas y media. Es un punto de partida, pero se trata todavía de un rango temporal demasiado amplio. Podemos empezar a circunscribir más la hora de la aparición si tomamos en cuenta que el autor no dice «de madrugada», sino «*muy* de madrugada»: ¿Debemos interpretar eso como que tenemos que buscar más cerca de la media noche que de la salida del sol? Creo que si seguimos fielmente las reglas de este juego, la respuesta es afirmativa.

Continuemos con nuestra deducción, recordando que no es raro que en la actualidad los campesinos estén en el camino tan temprano como las tres de la mañana, cuando tienen por delante jornadas largas a pie. Sin embargo, aun los más madrugadores rara vez salen de casa en situaciones normales antes de esa hora. Con sentido común podemos situar a nuestra aparición en las dos horas que van de las tres (antes sería poco probable) y las cinco (más tarde difícilmente calificaría como «*muy* de madrugada»). No pierdo de vista que éstos son unos límites arbitrarios para un evento en última instancia literario, no histórico. Lo que tratamos de hacer aquí es encontrar un horóscopo significativo sin violentar de más la matriz realista del relato de la aparición. Y digo «de más» porque como no se veía la Luna esa noche, es menos probable que alguien se adentrara en un camino rural con tal oscuridad.[9] Pero pensemos que estamos participando en un juego o resolviendo un acertijo detectivesco con ciertas reglas y convenciones que tenemos que respetar; y ello implica suspender selectivamente el escepticismo.

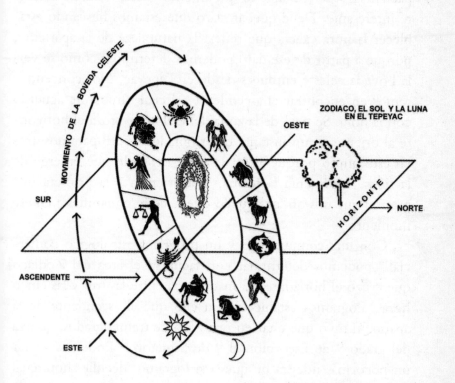

ZODIACO, EL SOL Y LA LUNA
EN EL TEPEYAC

MOVIMIENTO DE LA BOVEDA CELESTE

OESTE

SUR

HORIZONTE

NORTE

ASCENDENTE

ESTE

En este momento es inevitable comenzar con una elucubración desde un ángulo un poco mas técnico; y aunque trataré de mantenerla lo más simple posible, pido un poco de paciencia; si se entiende lo que intento hacer, resultará bastante interesante. Debe quedar claro que estamos buscando establecer la hora exacta que refleja la naturaleza de la aparición, porque a partir de ese dato podemos determinar cómo se veía la bóveda celeste entonces desde el Tepeyac. Nos concentraremos en encontrar el ascendente, el cual cambia de acuerdo con la hora. Se trata de la zona del cielo que cruza el horizonte al oriente en un instante determinado. Es útil para nosotros en este punto porque al ser la parte del cielo que emerge de la tierra, representa la forma, la apariencia y la primera impresión que nos ofrece aquello que nace o se manifiesta en ese momento.

Con una computadora y un programa astrológico comercial[10] podemos determinar con facilidad el área del Zodiaco que cruzó el horizonte esa madrugada entre las tres y las cinco horas. Logramos establecer con ello que el ascendente de la aparición tuvo que estar en una zona de treinta grados, que va del grado 9 de Escorpión al 9 de Sagitario.[11] Podemos acotar un poco más nuestra búsqueda si logramos decidir ahora cuál es el signo que describe mejor, de los dos que tenemos, la apariencia de la Virgen de Guadalupe. Si revisamos las características de ambos, tenemos que concluir que debe ser Escorpión. Creo que en ninguna descripción de Sagitario, antigua o moderna, es posible encontrar algo que nos pueda recordar o sugerir el aspecto de la virgen. Por el contrario, su apariencia tiene varios elementos inequívocamente escorpiónicos, asunto en el que nos detendremos más adelante.

Al decidirnos por Escorpión sabemos algo importante, el signo del ascendente de la Virgen de Guadalupe. Pero nuestro trabajo no ha terminado, para tener una carta natal que pueda ser interpretada necesitamos más precisión. Hace falta saber el grado exacto de dicho signo que cruzó el horizonte entonces. Podemos por lo pronto concentrar la búsqueda en un lapso un poco menor, la hora y media que va de las 3 a las 4.33 de la mañana. Fue entonces cuando Sagitario, que hemos descartado, comenzó a cruzar el horizonte sustituyendo a Escorpión.

Regresemos por un momento a la Luna, pues indirectamente su movimiento puede ayudarnos a circunscribir el área donde debe de estar el ascendente. Aunque en la hora y media que nos interesa la Luna se movió muy poco, si nos fijamos bien nos percataremos de un detalle significativo que nos permite delimitar más el tiempo en el que ocurrió la aparición. En el intervalo al que hemos reducido nuestra búsqueda, que va de las 3 am a las 4.33 am, la Luna se desplazó en el cielo unos cuantos minutos de arco, sin embargo pasó del grado 3 al 4 del signo de Capricornio. Normalmente una diferencia tan pequeña —menos de un grado— no llamaría demasiado nuestra atención, pero como dijimos, en este caso ocurre una coincidencia. En el grado 3 la Luna establece una relación significativa con el Sol, que se diluye en el grado 4.

Para entender por qué es una pista importante el vínculo que forma la Luna con el Sol en ese grado preciso, debemos hacer una breve digresión, por fortuna en este caso nada técnica. Iconográficamente el resplandor alrededor de la imagen y la creciente sobre la que se sostiene hacen que la imagen de la virgen nos sugiera el simbolismo de una Luna nueva o el de un eclipse de Sol. Incluso, de acuerdo con Jacques Lafaye, uno de los títulos de los muchos libros sobre la virgen escritos en el siglo XVIII era *Eclipse de Sol Divino*. A este tipo de representaciones se les conoce como «vírgenes apocalípticas», ya que nos remiten al siguiente pasaje del Apocalipsis de Juan:

Apareció en el cielo una señal grande, una mujer envuelta en el sol, con la luna debajo de sus pies, y sobre la cabeza una corona de doce estrellas, y estando encinta, gritaba con los dolores de parto y las ansias de parir. Apareció en el cielo otra señal, y vi un gran dragón de color de fuego, que tenía siete cabezas y diez cuernos, y sobre las cabezas siete coronas. Con su cola arrastró la tercera parte de los astros del cielo y los arrojó a la tierra. Se paró el dragón delante de la mujer, que estaba a punto de parir, para tragarse a su hijo en cuanto le pariese. Parió un varón, que ha de apacentar a todas las naciones con vara de hierro, pero el Hijo fue arrebatado a Dios y a su trono. La mujer huyó al desierto, en donde tenía un lugar preparado por Dios, para que allí la alimentasen durante mil doscientos sesenta días.

Buscamos pues una Luna nueva, un eclipse de Sol o al menos, si es que existe, algo similar o equivalente. La Luna nueva anterior fue exactamente al mediodía del 8 de diciembre, aproximadamente quince horas antes de la zona en la que estamos buscando. Podríamos coquetear con la idea de usar esa Luna nueva si no estuviéramos siguiendo al pie de la letra un texto, que nos dice inequívocamente que la aparición fue la madrugada del día 9.[12] El eclipse de Sol anterior ocurrió tres meses antes, el 10 de septiembre, y sólo fue visible en la Patagonia, por lo que es menos relevante. El padre Mario Rojas, como comenté antes, al mencionar el ciclo de 104 años sugiere no una Luna nueva, sino una conjunción Venus-Sol (que puede ser iconográficamente similar, ya que Venus presenta fases como las de la Luna); sin embargo ya revisamos antes las fechas en las que éstas ocurrieron y quedan muy fuera de nuestro rango.

Lo que es significativo para nosotros en este punto es que, cerca de las tres de la mañana del 9 de diciembre, el Sol y la Luna estaban alineados simétricamente a los costados del punto

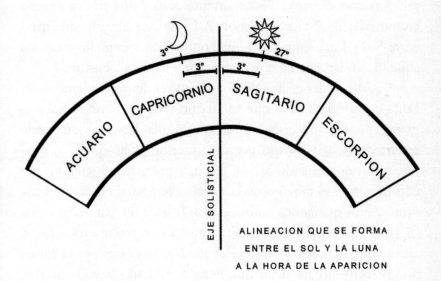

ALINEACION QUE SE FORMA
ENTRE EL SOL Y LA LUNA
A LA HORA DE LA APARICION

donde ocurre el solsticio de invierno, al que los especialistas llaman punto solsticial. Ambos planetas se encuentran a tres grados de ese lugar, cada uno en dirección opuesta, como si uno fuera el reflejo del otro. Este tipo de alineación simétrica es reconocida por los astrólogos desde la más remota antigüedad y tradicionalmente tiene una importancia muy grande.[13] La misma equivale simbólicamente a que un planeta esté en conjunción con el otro. Técnicamente toda Luna nueva es una conjunción de ésta con el Sol. Así que este arreglo simétrico entre Sol y Luna equivale a una conjunción y con ello tenemos aquello similar a una Luna nueva que estábamos buscando.

A partir de las cuatro de la mañana, el desplazamiento de la Luna en su órbita hizo que su arreglo simétrico con el Sol comenzara a desvanecerse. De nuevo, en una decisión que puede ser arbitraria, me inclino por circunscribir la búsqueda al momento en que esta alineación era más precisa, reduciendo con ello un tercio el tamaño de la ventana temporal en la que buscamos. Nos quedamos entonces con la hora que va de las tres a las cuatro[14] de esa madrugada. Durante esos sesenta minutos el ascendente se desplazó sólo trece grados. Si vamos por el camino correcto, quiere decir que hemos reducido la zona posible del ascendente al segmento que va del grado nueve al veintidós de Escorpión. ¿Pero por qué me parece tan pertinente este signo? Explorémoslo con cierto detenimiento:

Escorpión es un signo nocturno de composición húmeda y fría, lo que quiere decir que pertenece al elemento agua y al temperamento flemático. La mayoría de los autores modernos asocia el agua con la capacidad para sentir, juzgar la realidad a partir de los afectos y la necesidad de estar unidos a otros seres. A Escorpión en particular se le identifica con el espectro emocional que abarca la territorialidad, la sexualidad y la lucha por la sobrevivencia. Está vinculado con una forma de percibir la realidad que precede a toda vida social, humana o animal, pero que sigue presente y operando, consciente o inconscientemente, en nuestro interior ya que, nos guste o no, para vivir inevitablemente hay que devorar aquello que está vivo. Lo que nos dicen los neurólogos de las funciones del complejo reptílico en nuestro cerebro es consistente con la respuesta emocional con que los astrólogos vinculan a Escorpión. El impetuoso Marte tiene su residencia nocturna en este signo.[15] No es extraño, por todo lo anterior, que la parte del cuerpo sobre la que preside sean los genitales. No solamente los alacranes están bajo la tutela de este signo, también cualquier criatura de sangre fría que se esconda en los resquicios o en la noche, sobre todo si tiene ponzoña: ciempiés sí, avispas no, por ejemplo. Una criatura que obviamente está asociada a este signo es la serpiente. Lo que nos recuerda que, de los doce trabajos de Hércules, el que corresponde a Escorpión es la lucha contra la Hidra; monstruo que en la descripción del poeta y estudioso de la mitología Robert Graves tenía un prodigioso cuerpo de perro y nueve cabezas de serpiente, una de ellas inmortal. Era tan venenosa que nada más el olor de sus huellas podía matar. Medusa, con su cabellera de serpientes y mirada paralizante, es otra criatura que al menos desde el siglo uno, cuando el romano Marcus Manilus escribió los cinco libros astrológicos conocidos como *Astronomicon*, estuvo emparentada a Escorpión. No es extraño entonces que el principal drama arquetípico[16] que tienen que vivir quienes son presididos por este signo para construir su identidad sea el de la lucha contra la madre terrible para rescatar a la madre buena, que es lo que hace Perseo en su enfrentamiento con la Gorgona. Pero ya habrá tiempo de abundar en ese asunto.

La popularidad original del culto a Guadalupe en el Tepeyac proviene muy probablemente, según coinciden los expertos,

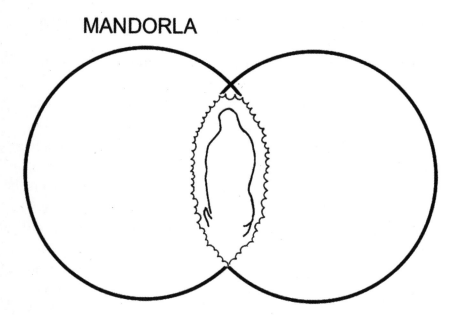

MANDORLA

de que los indios reconocían en ella a una forma de Cihua-cóatl, la mujer serpiente, y esta asociación continuó por mucho tiempo después de colocada la imagen en 1555. Ahora bien, a estas alturas resulta obvio que el signo del Zodiaco que podemos asociar con una diosa como Cihuacóatl, o, para el caso, otras diosas madres mexicas como la más familiar para nosotros Coatlicue, es naturalmente Escorpión. Y este vínculo entre la diosa prehispánica (¿madre terrible?) y la virgen española (¿madre buena?)[17] es nuestro primer indicador de que Escorpión es realmente el signo adecuado para el ascendente. Antes de continuar quisiera citar también lo que escribió en la Ciudad de México el astrólogo Henrico Martínez en 1606 sobre la apariencia de quienes tienen Escorpión en el ascendente: «Los que nacen subiendo este signo por el horizonte, suelen ser algo morenos, de muchos cabellos, algunos suelen tener el rostro encendido».[18]

Varios autores han señalado cómo la silueta de la figura y los pliegues del manto que la cubre sugieren el contorno y la apariencia de la parte externa de los genitales femeninos. Podemos recordar a la vez que la forma ahusada del perfil de la imagen es llamada por los especialistas *mandorla*, que es la palabra italiana para almendra, y proviene geométricamente de la intersección de dos círculos.[19] De ahí su función conectiva y de umbral. Erich Neumann en su libro clásico *The Great Mother* nos dice que la mandorla, que es un emblema de la diosa Venus, simboliza los genitales femeninos: obviamente el umbral por el que tienen que pasar todos los seres vivos al llegar a este mundo. Recordemos en este contexto nada más a la, en su tiempo, escandalosa pintura de Gustave Coubert titulada *El Origen del Mundo*.

Vale la pena apuntar aquí una conexión muy curiosa mencionada por el historiador Rodrigo Martínez: en 1431 (cien años exactos antes de nuestra aparición) el rey de Texcoco, Nezahualcóyotl, acampó en el Tepeyac y entró en la ciudad por la calzada del mismo nombre para luchar con Itzcóatl, rey tenochca. En esa campaña Nezahualcóyotl llevaba dibujado en su escudo unos genitales femeninos, al parecer parte del simbolismo asociado a Cihuacóatl.[20] Si miramos superficialmente, cien años no corresponden realmente a un ciclo planetario conocido, sin embargo el tiempo que tardan Júpiter y Saturno en ir de una conjunción a otra es casi de veinte años, por lo que cinco conjunciones de estos dos planetas se quedan pocas semanas cortas de los cien años. A comienzos de noviembre de 1431, Júpiter y Saturno estaban exactamente a la misma distancia entre sí (144 grados), que el 9 de diciembre de 1531. Ya hablaremos con detenimiento de esta relación, dos quintas partes de un círculo,[21] que para los astrólogos tiene una connotación venusina, ya que 144 grados son la distancia precisa que separa siempre a dos conjunciones consecutivas del Sol con Venus. (Véase ilustración en la página 144.)

Sigamos por ahora explorando el vínculo entre Escorpión y los genitales. El astrólogo alemán Reinhold Ebertin realizó a lo largo de tres décadas, poco después de la Segunda Guerra Mundial, un minucioso trabajo donde asoció partes muy específicas del cuerpo no ya a los doce signos del Zodiaco, sino a cada uno de los 360 grados que lo conforman. Según su correlación, en el grado doce de Escorpión[22] encontramos el sitio exacto vinculado a la parte externa de los genitales femeninos. Este grado es uno de los que aún no hemos descartado para el ascendente, ya que nuestra ventana incluía del 9 al 22 de Escorpión. Así que dando un salto adelante podemos aventurar la hora con cuatro minutos de precisión, en la que ocurrió nuestra aparición. Esto es entre las 3.13 y las 3.17 de la mañana del 9 de diciembre de 1531. Ese día, a esa hora, ya que el movi-

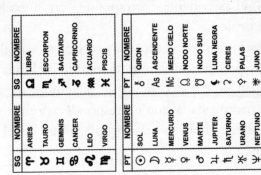

SG	NOMBRE	SG	NOMBRE	PT	NOMBRE	PT	NOMBRE
♈	ARIES	♎	LIBRA	☉	SOL	♄	QUIRON
♉	TAURO	♏	ESCORPION	☽	LUNA	As	ASCENDENTE
♊	GEMINIS	♐	SAGITARIO	☿	MERCURIO	Mc	MEDIO CIELO
♋	CANCER	♑	CAPRICORNIO	♀	VENUS	☊	NODO NORTE
♌	LEO	♒	ACUARIO	♂	MARTE	☋	NODO SUR
♍	VIRGO	♓	PISCIS	♃	JUPITER	⚸	LUNA NEGRA
				♄	SATURNO	⚳	CERES
				♅	URANO	⚴	PALAS
				♆	NEPTUNO	⚵	JUNO
				♇	PLUTON	⚶	VESTA

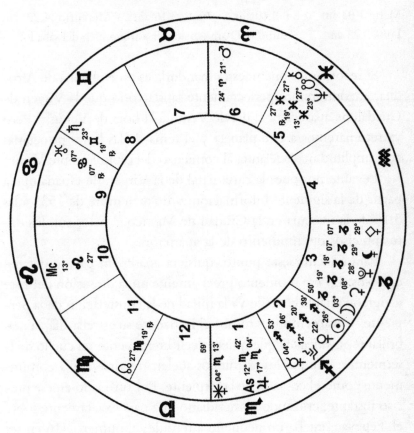

miento aparente de la bóveda celeste es de un grado cada cuatro minutos, el ascendente corresponde con el grado doce del signo de Escorpión.

Puedo incluso intentar ser más preciso, ya que al revisar un cuadro, elaborado por mi computadora de las horas planetarias para la Ciudad de México del 9 de diciembre de 1531, noto que en esa madrugada la que corresponde a Venus comenzó a las 3.16 am. Dicha hora es más apropiada que la del Sol que es la inmediata anterior:

Marte 1.04 am   Sol 2.10 am   *Venus* 3.16 am   Mercurio 4.22 am
Luna 5.28 am   Saturno 6.32 am (amanecer astronómico del sábado)

Si recordamos que nuestra mandorla es un emblema de Afrodita, encontraremos perfectamente satisfactorio que la Virgen de Guadalupe apareciera el día de Venus a la hora de Venus.[23] Pero ya retomaremos a este planeta y el tema de las horas planetarias con amplitud más adelante, al comienzo del capítulo sobre Venus.

Levantemos pues la carta natal de la Virgen de Guadalupe a partir de la siguiente información: 9 de diciembre de 1531 a las 3.16 de la mañana en la Ciudad de México.[24] Éstos son los datos precisos del momento de la aparición.

Para concluir este punto, quisiera añadir un par de detalles curiosos. En ese momento precisamente en la dirección del Este geográfico había cruzado ya la mitad de la constelación de la Serpiente; y justo entonces tocaba el horizonte su estrella alfa, la más brillante, *Unukalhai*: que quiere decir literalmente «el cuello de la serpiente», aunque los astrólogos suelen referirse a ella comúnmente como el corazón de la serpiente. Por otro lado en ese preciso instante, cruzando el meridiano que pasa exactamente sobre el Tepeyac, estaba un pequeño asteroide, el número 416 en ser descubierto y bautizado con el peculiar nombre de «Vaticana».

Aunque ya hemos comenzado a hacer propiamente astrología, es hasta ahora que logramos establecer el último pedazo de información —la hora— para levantar lo que en realidad es el punto de partida de casi toda la interpretación horoscópica: una carta natal. Me parece pertinente por ello escoger este lugar para detenernos un momento antes de continuar con nuestra interpretación y aclarar mejor qué es una carta natal y cómo se procede una vez que se tiene.

En principio una carta natal, carta astral u horóscopo, es simplemente un diagrama del cielo, levantado para un lugar y una hora determinados. Dicho mapa, astronómicamente correcto, incluye únicamente los elementos que interesan a la astrología; puede ser presentado de diversas maneras de acuerdo con la moda, el gusto personal del astrólogo y lo que es usual en la región del mundo donde vive. En unos casos se pretenderá enfatizar más ciertos elementos; en otros, realzar otra cosa y las diferencias resultantes en el trazado pueden ser tan grandes que algunos astrólogos encuentran indescifrables los mapas levantados por sus colegas. Sin embargo todos contienen la misma información básica que procede de fuentes científicas. Las partes principales que constituyen cualquier horóscopo son los signos del Zodiaco, los planetas del sistema solar y las llamadas casas astrológicas. A partir de estos factores, sus combinaciones y las relaciones que forman entre sí, se va construyendo toda la interpretación astrológica. Ésta generalmente sigue ciertas reglas y orden, no obstante las mismas varían de acuerdo con el tipo de corriente o escuela con la que el astrólogo sienta mayor afinidad.

En la Antigüedad se prefería una interpretación compartimentalizada y analítica en la que se desmenuzaba cada área de la vida de la persona por separado. La mayoría de los astrólogos de entonces buscaba la mejor precisión posible al tratar de establecer y predecir las condiciones externas en cada departamento de la vida del sujeto. ¿Qué tan exitosos llegaron a ser en esta búsqueda? es algo que resulta difícil de juzgar. Hay evidencia de fracasos estrepitosos, pero también testimonios de coincidencias extraordinarias. En la actualidad, un grupo pequeño pero ruidoso de astrólogos intenta revivir las glorias de la astrología anterior al siglo XVIII, pero la generalidad practica una versión más suave, psicológica y sintética de esta disciplina. La pretensión que se tiene ahora es de algo así como pintar un retrato del interior del individuo. En este afán, cada parte se ve como relacionada con el todo y ninguna área de la vida se define de manera totalmente autónoma. Se procura ir de lo general a lo particular y así establecer cómo están interconectados los distintos elementos que, de acuerdo con el modelo astrológico, participan en la constitución de la psique individual. La manera en que éstos se manifiestan y dialogan con el mundo externo se vuelve, al ver las cosas de esta forma, más plástica y ambigua. La inevitable vaguedad se justifica diciendo que lo que se busca es establecer el sentido de lo que ocurre y no tanto su manifestación material. La defensa suena especiosa y lo es, pues en muchos casos resulta difícil saber si la metáfora que se usa no es tan general que puede ser aplicada a casi todo.

De todas formas, consciente de este peligro y reconociendo que con cierta frecuencia soy presa de lo que critico, admito mi afiliación a la modernidad, aderezada quizá por un constante coqueteo con elementos de la tradición clásica. Lo que esto quiere decir, en términos de la exposición, es que nos concentraremos en las peculiaridades del horóscopo que por una razón u otra me parecen más sobresalientes y dejaremos fuera algunas características que por lo menos en mi opinión no son tan significativas, o al menos no tan fructíferas, de acuerdo con el hilo conductor que seguiremos. Como en el ajedrez, en la interpretación astrológica el comienzo de la partida se establece de antemano, mientras que el desarrollo posterior implica demasiadas variantes como para poder predecirlo. Nuestra «salida» será, como lo dicta la metodología, moviendo al Sol, a la Luna y al ascendente una casilla hacia adelante. ¿Dónde terminaremos? Lo sabremos cuando lleguemos ahí.

El Sol y la Luna

En nuestra deducción de la hora adecuada para levantar este mapa comenzamos a hablar del ascendente, un tema que da para mucho más y que retomaremos con amplitud más adelante. Volteemos ahora a algo que ya antes, por la fecha misma, habíamos establecido, las posiciones del Sol y de la Luna. El día nueve de diciembre nos permite saber que el Sol estaba en el signo de Sagitario[1] y vimos ya que la Luna estaba satisfactoriamente situada en Capricornio. Ahora bien, desde el siglo II de nuestra era, Ptolomeo, el autor más influyente en la historia de la astrología, asoció a la península ibérica con el signo de Sagitario.[2] Siguiendo las conexiones simbólicas recordemos, como se enseñaba en las escuelas, que muchos de los indios que lucharon contra Cortés, al ver por primera vez hombres a caballo, pensaban que el jinete y su montura eran una sola bestia. En mi diletancia no he podido establecer si en verdad existe una fuente histórica que acredite esta versión,[3] pero la imagen del conquistador español como un centauro terrible sigue vigente en la imaginación popular y es particularmente elocuente en la popular representación que de ella hace Siqueiros y que justamente lleva por título *El Centauro de la Conquista*. La variación iconográfica realmente no es significativa, en lugar del arco sagitariano, una espada en una mano y una cruz en la otra. La criatura del cuadro de Siqueiros tiene incluso una lanza clavada, lo que nos recuerda la herida que le causó Hércules a Quirón, uno de los más importantes centauros de la mitología grecolatina. La diferencia está en que el centauro clásico tenía una lesión en un anca, no entre las costillas.

A finales del siglo XVI, Henrico Martínez utilizó por primera vez el simbolismo astrológico para pensar el Nuevo Mundo. En su obra *El Reportorio de los Tiempos* dedujo el signo[4] de México a partir de calcular cuál de ellos ascendía en el centro del país en el momento de la creación del mundo. El mismo Martínez dice que la creación ocurrió en Damasco. Su conclusión es que el signo de México es Capricornio. Al saber esto es que al comienzo de la rectificación preferí el día 9, con la Luna en este signo, y no el 12, cuando ya había pasado a Acuario.

El animal emblemático de Capricornio es una criatura que podría haber salido del laboratorio del doctor Moreau. La parte trasera del cuerpo de pez y la delantera, de cabra. A pesar de su extrañeza, este ser tenía una asociación muy cercana con los esplendores de la Edad de Oro sobre la que presidía Saturno. La cornucopia o cuerno de la abundancia es justamente el cuerno de Amaltea, nuestra cabra marina. Cuando los frailes mendicantes llegaron a México inmediatamente después de la Conquista, muchos de ellos traían resonando con fuerza en sus cabezas las ideas milenaristas del entonces popular teólogo italiano Joaquín de Fiora. No fue difícil por ello que algunos todavía estuvieran buscando en el Nuevo Mundo y sus habitantes rasgos de una edad de oro a la que pretendían cristianizar.

Es pertinente aquí recordar lo que dice el estudioso de la mitología griega Karl Kerenyi sobre el tema:

> Cronos nos ha dejado asociado con su propia memoria el recuerdo de la Edad de Oro. Su reino coincide con ese feliz período de la historia del mundo. En la antigua Edad de Oro la miel manaba de los robles. Los discípulos de Orfeo estaban

convencidos de que cuando Zeus encadenó a Cronos, el viejo dios estaba cubierto de miel cristalizada. Zeus inmovilizó al viejo dios para poder llevarlo al lugar donde él, Cronos, y con él la Edad de Oro, todavía viven en el borde más extremo de la Tierra, en la isla de los Bienaventurados. En ese lugar Zeus se despidió para siempre de su padre. Ahí las brisas de Océano todavía bañan la torre de Cronos.[5]

No sorprende entonces que varios de los exploradores y aventureros atraídos por el Nuevo Mundo esperaran alcanzar alguna versión del jardín de las Hespérides. Incluso, los más ingenuos, hallar uno de los más enigmáticos emblemas de Cronos, la fuente de la eterna juventud. Durante el siglo XX la imagen del pasado prehispánico como la Edad de Oro fue algo que permeó no sólo la cultura popular, como lo muestran las relamidas imágenes de los calendarios, sino también muchas obras que pretendían tener algo de históricas o antropológicas. Tan tarde como los años setenta del siglo XX, los niños aprendían en las escuelas que México *es* el cuerno de la abundancia, quizá sin saber que la cabra marina Amaltea, a quien pertenecía, fue ascendida entre las constelaciones por Zeus como agradecimiento por su ayuda. Todo esto es consistente con una vertiente importante del simbolismo de Capricornio, popular todavía durante el Barroco, pero que gran cantidad de astrólogos ha olvidado en la actualidad.

Por otro lado, la dimensión de los logros del México prehispánico a veces nos hace olvidar que en realidad vivía aún en el neolítico, esto es, en la última edad de piedra, ya que no obstante una metalurgia incipiente, sus herramientas eran de este material. Aunque en el sistema astrológico quien estricta y explícitamente preside sobre las rocas es Saturno, Capricornio, su morada nocturna, es de los doce signos el que tiene mayor afinidad con los minerales.

¿Fecha elegida astrológicamente?

Podemos mencionar aquí otra coincidencia notable. 117 años después de la fecha de la aparición, en 1648, el bachiller Miguel Sánchez narra por primera vez en español la historia de Juan Diego y la Virgen de Guadalupe. En uno de los innumerables vuelos líricos de su texto hace una alegoría cosmológica pertinente para nosotros asociando España al Sol y México a la Luna.[6] Esta sorprendente coincidencia puede hacer que nos preguntemos si Miguel Sánchez, que muy probablemente tenía conocimientos astrológicos ya que eso era todavía común entre la gente educada de la época, no habría participado junto con Lasso de la Vega en la determinación de la fecha de la aparición a partir de ellos y así darle legitimidad celeste a todo el asunto. Ello implicaría la posibilidad de que la efeméride señalada por la tradición hubiera sido escogida *ex profeso* para hacerla coincidir con una particular configuración planetaria del pasado.[7] Aquí hay dos comentarios que son pertinentes. Independientemente de las coincidencias, el horóscopo que hemos estado analizando no le hubiera parecido atractivo, ni particularmente propicio a un astrólogo del siglo XVII.[8] Si alguien entonces hubiera querido escoger una fecha por sus bondades astrológicas,[9] habría tenido en mente otros factores. Además está el problema de los cálculos, ya que aunque en Europa existían desde 1620 tablas de posiciones planetarias suficientemente buenas como para establecer con precisión el lugar donde estaba la Luna en un momento a más de cien años de distancia, nuestros autores difícilmente pudieron tener acceso a ellas, ya que éstas llegaron a México, según estoy informado, hasta comienzos del siglo XVIII.[10]

Si insistimos en explorar la idea de si la fecha pudo ser escogida astrológicamente, tenemos que considerar la posibilidad de que lo que buscaban nuestros autores no ocurriera en los días que ellos lo calcularon debido a lo impreciso de las herramientas astronómicas a su disposición. Si esto fue así, cabe la posibilidad de que la configuración planetaria que buscaban hacer coincidir con la aparición se hubiera desplazado algunas semanas para atrás o para adelante del 9 de diciembre. Con la precisión que ofrecen las ecuaciones orbitales modernas y la velocidad de una computadora, veamos cuáles pueden ser los candidatos, si realmente los hay. Por esos días tenemos una Luna nueva, que es lo que sugiere Miguel Sánchez,[11] y lo que motiva nuestra digresión, o la señalada conjunción del otro planeta femenino, Venus, con el Sol, a la que hace referencia al menos otro autor. La diferencia de cerca de doce horas en el primer caso y de varios días en el segundo entre la fecha que conocemos y las que obtenemos con cálculos modernos puede ser producto de esa imprecisión. La hipótesis de la conjunción de Venus es susceptible de ser probada si se intenta establecer cuándo ocurrió ese fenómeno con las herramientas y técnicas disponibles en Nueva España a mediados del siglo XVII. Sin embargo tanto una Luna nueva como la alineación Sol-Venus por sí solas son eventos celestes ordinarios y no se me ocurre qué hubiera podido ver en ellos un astrólogo de la época para considerarlos especialmente significativos (un mes antes, el 7 de noviembre, hubo una conjunción visible antes del amanecer, entre Júpiter, la Luna y Venus, que a mi parecer resulta mejor candidata, pero que queda demasiado lejos, incluso con las imprecisas tablas planetarias de la época). Quizás haya algo que se me esté escapando, pero mi sensibilidad aprecia más las teorías conspirativas en la ficción que en la realidad histórica.[12] Lo que sí reconozco es que de haber sido escogida la fecha astrológicamente, eso le quitaría la arbitrariedad a la elección de la misma.

Regresemos a nuestro horóscopo después de una digresión especulativa y veamos lo que tenemos. El Sol en el signo asociado a España y la Luna en el signo correspondiente a México. Ambos se contemplan[13] mutuamente y se identifican, conceptos característicos de la relación de antiscia. No olvidemos que esto está ocurriendo en el cielo la madrugada del 9 de diciembre de 1531. Otras ideas que podemos asociar a las antiscias son: unión y mezcla. Incluso muchos astrólogos consideran a las antiscias particularmente relevantes al revisar los horóscopos de matrimonios.[14] Repitamos lo que tenemos: España, México, unión, matrimonio, mezcla. Todo esto empieza a rondar peligrosamente alrededor de un asunto sustantivo para los mexicanos, el mestizaje.

Así que sin proponerlo llegamos a un tema que vale la pena seguir explorando. Como astrólogo nunca hasta ahora había tenido que explorar un asunto de esta naturaleza, así que tuve que detenerme a pensar qué símbolo puede estar asociado al mestizaje. Venus me vino a la mente, ya que uno de sus aspectos representa la atracción natural entre cosas de naturaleza opuesta; y regresaremos a ella más adelante. No obstante, esto no es precisamente lo que buscamos en este punto, ya que «atracción» no parece ser el asunto sustantivo aquí. Consulté entonces la literatura que tengo a mano. Por más que busqué si esta tradición alguna vez había reflexionado sobre el mestizaje, no encontré nada; al menos nada útil, pues encontré un autor que menciona al planeta Urano. Puedo entender el razonamiento detrás de esta asignación, pero me parece incluso menos satisfactorio aún que Venus y sólo apropiado para la hibridación resultante de un experimento realizado en un laboratorio científico. Sin embargo, revisando el Zodiaco caí en la cuenta de que en él habitan, efectivamente, algunas criaturas compuestas, esto es, híbridas o... ¿mestizas?

En el Zodiaco hay tres signos conocidos como bicorpóreos o duales: Piscis, Géminis y Sagitario. Los dos primeros están representados por dos peces unidos por un cordel y dos gemelos prepúberes, respectivamente, por lo que no reflejan la unión de seres de distinta raza o especie que estamos esperando. De este grupo nos podemos quedar entonces sólo con el mitad humano, mitad caballo, centauro de Sagitario. No deja por ello de sorprenderme que al revisar al resto de los signos me encuentre con una extraña criatura mitad pez, mitad cabra: Capricornio de nuevo, el único otro símbolo relacionado con lo que buscamos.

Recapitulemos: los signos de las luminarias (los planetas más importantes, Sol y Luna), de la carta de la Virgen de Guadalupe, son los únicos que tienen una relación simbólica con el mestizaje. Y como ya habíamos visto, con los dos países que en el tema que nos ocupa participan en él.

La antiscia, en su función conectiva, ya nos apuntaba por sí misma hacia la unión; pero la sintaxis astrológica nos dice que, al encontrar un contacto entre dos elementos con una característica simbólica en común, no tenemos realmente un énfasis, sino una multiplicación. En nuestro caso, al vincular al Sol en Sagitario con la Luna en Capricornio no debemos ver nada más una enfática unión de dos linajes nacionales, más bien interpretar que cada uno implica ya una combinación o conjunción de distintas culturas, cosa que, por ejemplo, Octavio Paz nos recuerda en su prefacio al ya mencionado *Quetzalcóatl y Guadalupe*, de J. Lafaye. Pero nuestro hallazgo no nos dice algo que no supiéramos ya sobre una España que en ese momento trataba de olvidar cómo moros y judíos enriquecían su cultura; y una Mesoamérica plural, mosaico de naciones diversas, muchas de ellas sometidas por la hegemonía mexica al momento de la Conquista. Así que sin rechazar esta línea de ideas veamos si es posible ver las cosas desde un ángulo distinto.

Más sobre Sagitario y Capricornio

Ya que reconocimos la importancia del dualismo en la posible identidad entre Sagitario y Capricornio, no lo perdamos de vista. Tratemos nada más de explorarlo desde una perspectiva diferente.

Antes de aventurar una nueva hipótesis recordemos, como dijimos al principio, que el pensar en una existencia sobrenatural y objetiva de la Virgen de Guadalupe no sólo violenta inaceptablemente las reglas del juego de nuestra realidad, también conduce a la esterilidad interpretativa. Cuando vemos algo como literal, su valor simbólico se cancela. Por ello, una manera mucho más creativa de entender la naturaleza de la Virgen de Guadalupe es verla como un fenómeno interior, existencial le llamarían algunos, arquetípico otros. Sé que esto parece violar las reglas del entendimiento histórico, pero dejemos esa discusión para otra ocasión. Por lo pronto, considerémosla un recurso poderoso y extraordinario a disposición de la psique de todas las personas, pero de alguna manera vinculado en particular a lo mexicano. Desde este punto de vista, su existencia, lo que muchos califican como su divinidad, está dentro de nosotros todo el tiempo, pero sólo la fe nos permite reconocerla. Mirarla así, además, tiene ventajas para el creyente pues no se pretende cuestionar ni explicar la existencia de la virgen. Aceptamos como un hecho (subjetivo, es verdad) que todos los que en algún momento la han invocado han podido sentir incuestionablemente su poder.

Si adoptamos esta hipótesis, aunque sólo sea operativamente, entonces la Virgen de Guadalupe, como fenómeno interior, con toda probabilidad no puede ser percibida en los mismos términos por los hombres o por las mujeres. El hecho de que sea una figura femenina la coloca a una distancia mayor, o al menos en un sitio diferente, en relación con los varones y su identidad. Mientras que su lugar dentro de la psique femenina necesariamente tiene que ser uno más cercano a su auto-imagen como mujeres. Si esto es así, entonces el masculino Sol en Sagitario de este horóscopo y lo «Sagitario» en general describirán características que se identificarían mejor en los varones mexicanos. Debido a que ellos van a reconocerse más fácilmente con esa dimensión de este horóscopo. Mientras que la femenina Luna de aquella madrugada y el signo de Capricornio en nuestro contexto nos describirán más bien las cualidades y los dilemas de las mujeres mexicanas.

Tratemos de conducir desde esta perspectiva que lo admito es algo así como sociología-ficción, la exploración de las dualidades y dicotomías de estos signos. Para los astrólogos Sagitario es un signo diurno, cálido y seco, y con ello de fuego. Este elemento está asociado a la tendencia de acercarse a la realidad en búsqueda de sentido, estableciendo el potencial y la importancia de algo. El temperamento que le corresponde es el colérico. El planeta Júpiter tiene su residencia diurna aquí. Cualquier revisión de Sagitario tiene que pasar necesariamente por reconocer su naturaleza dual. Incluso sabemos que, según la tradición, la primera mitad de este signo, la cual recorre el Sol entre el 23 de noviembre y el 6 de diciembre, es la parte humana. La segunda sección es la que transita el Sol del 7 al 21 de este mes[15] y es la parte bestial. La literatura astrológica nos dice que este signo representa el campo de batalla entre los instintos y las pasiones de nuestro cuerpo, o sea el lado animal, y las aspiraciones de nuestro espíritu, el lado humano. Para Sagitario, materia y espíritu son dos principios diferentes que por un desafortunado accidente tienen que convivir en el mismo espacio y tiempo.

Valoramos y buscamos una cosa, pero otra muy distinta nos mueve. Para Sagitario son fantásticas las infinitas posibilidades que nuestro espíritu alado puede vislumbrar. Quisiéramos recorrerlo todo, experimentarlo todo, fecundarlo todo. No obstante, la realidad no sólo es ciega, sino también terca y resultamos, a fin de cuentas, prisioneros tanto de los apetitos y necesidades de nuestro cuerpo, como de nuestras circunstancias materiales.

Además de recordar aquí que debemos aplicar todo esto a la descripción de los varones mexicanos, puede ser pertinente también comentar que el dualismo sagitariano refleja adecuadamente una característica del catolicismo, aunque también, me parece, del resto de los monoteísmos nacidos en el Asia Menor: considerar que el Bien, lo mismo que el rostro de Dios, es uno solo. Alejarse de ese Bien es acercarse necesariamente al Mal y alejarse del Mal es acercarse al Bien. El Mal es el mundo en sí mismo y el poder que ejerce sobre nosotros: la carne es débil. Saber qué está bien y qué está mal es fácil. La dificultad estriba en movernos hacia el Bien y no dejarnos arrastrar por el Mal. Es por ello que Sagitario es un signo de simplificaciones y certezas pero también, incluso, de fanatismo.

La mezcla o el mestizaje de que nos habla Sagitario, y que según nuestra hipótesis nos debe de hablar de los hombres de este país, es algo así como la prisión de un mal matrimonio: el espíritu y la carne, el bien y el mal. La verdadera dificultad para Sagitario está en no poder ver unidad y diversidad en la realidad y con ello escapar, aunque sea intermitentemente, del dualismo. La moral y la virtud se convierten en el polo opuesto de la materialidad del mundo y del cuerpo; y con ello tenemos una guerra perpetua entre los instintos, los de siempre: sexo, poder, dinero; y las aspiraciones: una vida dedicada a la familia, a la comunidad y a Dios. Los villanos son fáciles de identificar y están afuera: el dinero y el cuerpo femenino.

En la época de oro del cine mexicano, prácticamente todos los protagonistas masculinos —y no únicamente los obvios, los charros— corresponden con claridad a la tipología sagitariana y participan del dilema que acabamos de describir. Roberto Cañedo, Arturo de Córdova, Tin-Tán, Jorge Negrete, Pedro Infante y desde luego Julián y Fernando Soler, por nombrar a algunos, encarnaron una y otra vez en sus películas a personajes movidos por esas disyuntivas. En muchos de estos casos la dualidad bestia-humano está puntuada por el licor, el otro gran protagonista de nuestro cine; alcohol que en la mitología convertía, con sólo olfatearlo, en brutos incontrolables a la normalmente pacífica tribu de los centauros. Sin duda el primer Sagitario en el teatro de nuestra imaginación, y quien sigue presidiendo la mitología popular del país en lo que respecta a la virilidad, es el jinete, aventurero y eterno extranjero Hernán Cortés,[16] quien como el rayo de un Júpiter tronante, señor de Sagitario, destruye y crea en el mismo acto. Más cerca de nuestros corazones, otra criatura mitad hombre y mitad bestia; de la cintura hacia arriba, un torso todo ideales sociales; de la cintura para abajo, un semental de temperamento volcánico: Francisco Villa, el centauro del norte.[17]

Aunque las características de la descripción que sigue de Capricornio son, de acuerdo con la tradición, más adecuadas y obviamente masculinas, he preferido expresarlos en términos de madre e hija, ya que en nuestro caso todo esto corresponde a la Luna y por lo tanto vamos a leerlo como perteneciente a las mujeres mexicanas. Capricornio es un signo nocturno, frío y seco, lo que lo vincula con la tierra. Este elemento está asociado a la tendencia de acercarse a la realidad y encontrar que lo que es es, punto; hay que aceptarlo y conformarse. Su temperamento es el melancólico y, como habíamos mencionado, es la morada nocturna de Saturno. Curiosamente la tradición astrológica no ve a Capricornio como un signo compuesto. El ensamblaje de un pez y una cabra es más bien entendido como una ilustración del impulso, uno solo, que nos lleva del abismo a la cima. Sin embargo algunos autores ponen énfasis en las características duales en este signo.[18] Principalmente la polaridad *Puer-Senex*, lo que quiere decir joven-vieja. O, con más precisión, cómo la lascivia y los apetitos mundanos y carnales de la hija entran en conflicto con las normas y responsabilidades de la madre. Por un lado, tenemos la identificación excesiva con la investidura que la sociedad ha otorgado: representante de la honra familiar y quien debe de sacrificar todo interés personal por el bienestar familiar. Por otro, tenemos a la oveja negra, o al ángel caído a quien le tiene ya sin cuidado la imagen y el qué dirán, rechazando con ello las responsabilidades y la camisa de fuerza del comportamiento correcto, dejándose, sin resistir, ser seducida por el mundo. Hay que recordar que el macho cabrío y las criaturas con patas de cabra, como Pan, Príapo y los faunos, eran en el mundo clásico alegorías de un apetito sexual más poderoso que cualquier voluntad —la dimensión fálica de la madre naturaleza— y fueron convertidas por el cristianismo en la encarnación del Mal, del diablo.

Esta confrontación entre juventud desenfrenada y madurez paralizante puede, al menos en teoría, tener solución: como en la relación entre el *id* y el *ego* freudianos, la hija tendría para ello que reconocer que las normas morales contribuyen a establecer quién es ella, mientras que la madre debe de reconciliarse con su propia y nunca superable lujuria. Así podemos establecer una identidad que es en realidad un diálogo entre biología y sociedad, ya que al guiarnos por las normas morales nos liberamos de la prisión de los deseos, mientras que al dejarnos llevar por nuestras pasiones escapamos de la cárcel de la mirada de los otros. Dicho de otra forma: reconocer la tan importante diferencia entre el comportamiento público y el privado. Cuando la *Puer*, que no tiene por qué ser una jovencita, no reconoce esta diferencia actúa en público como debe de hacerlo en la intimidad. Cuando la *Senex*, que puede tener veinte años, no se da cuenta actúa aun en privado como si todos la miraran.

En contraste con Sagitario, en donde pelean espíritu y materia, ambos lados de la dualidad capricorniana son inmanentes, esto es, forman parte del mundo. Tanto el llamado de las hormonas como la responsabilidad social están presentes aquí y ahora. De nuevo recordemos la época de oro del cine mexicano y notemos el fuerte sabor capricorniano de sus personajes femeninos. La diferencia estriba en que aquí cada cara del dilema capricorniano suele ser representada por una mujer distinta. La madre y la hija, la esposa y la amante, la señora y la sirvienta, la madre y la nana. Basta recordar, de un lado, a Andrea Palma, María Félix, Ninón Sevilla y el linaje de rumberas que encarnaron la tentación y el pecado. Y del otro a Sara García, Libertad Lamarque, Dolores del Río y el resto de las madres y esposas estoicas y sufrientes de nuestra pantalla. Particularmente digno de mención es el personaje de Marga López en *Salón México*, en el rol de madre abnegada y rumbera al mismo tiempo. Incluso en una escena de la película, el policía enamorado de ella la describe con la más capricorniana de las frases. Textualmente: «tú estás luchando en lo más bajo para llegar a lo más alto». Mencionamos al principio de este capítulo cómo la figura de la cabra marina representa de acuerdo con la tradición el impulso para ir del abismo a la cima. No hay que olvidar a la primera Capricornio de nuestro imaginario, imposible de acomodar de una sola pieza en el laberinto de nuestros afectos y a quien muy bien pudo haber dirigido sus palabras el policía de *Salón México*: la Malinche. Títulos de película como *Santa*, *Aventurera*, *La casa chica*, *No desearás a la mujer de tu hijo* y *La oveja negra*, entre muchos, son claros ejemplos de obras

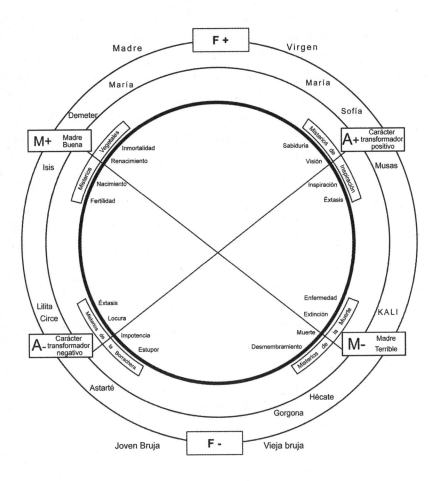

donde dos dualidades hacen colisión. El hombre Sagitario y la mujer Capricornio están en ellas frente a frente.

Tenemos entonces que, en ambos signos, el del arquero y el de la cabra marina, la necesidad de reconciliarse con los instintos es un tema central. La diferencia estriba en con qué se tienen que reconciliar éstos. En el primer caso, el del Sol y por tanto los hombres con nuestro lado trascendente; en el segundo, el de la Luna y con ella las mujeres, con nuestra identidad social. Sagitario, aunque asuma sus responsabilidades, continuamente sueña con escapar de los compromisos e irse; y cuando la conciencia se lo permite lo hace. Capricornio, para bien o para mal, no tiene imaginación y siempre se queda. Lo masculino y lo femenino, Sol y la Luna, contemplándose de nuevo.

Me parece pertinente un comentario final sobre Capricornio, debido a su doble significación. Recordemos que, además de ser el signo de la Luna, también es el signo que, de acuerdo con Henrico Martínez, preside sobre nuestro país. Habría que ser más justos y señalar que el método que usó el astrólogo novohispano para establecer su correspondencia lo vincula más estrictamente con la gente y la cultura del altiplano y no necesariamente con todo el país. Por ello para los habitantes de la Ciudad de México y sus alrededores lo que sigue resulta más adecuado.

De los tres signos de tierra, el que comienza en el solsticio de invierno es quizás el más vulnerable a mostrar los efectos del exceso de bilis negra: aquello que en tiempos modernos hemos preferido llamar depresión. Aunque los síntomas de este padecimiento suelen variar en intensidad y en el tipo de manifestación, cuando se vinculan al signo de Capricornio, su naturaleza y origen pueden atribuirse a una peculiar relación con el padre. El mito nos dice que Saturno, su regente, fue rechazado de bebé por Urano por ser menos que perfecto y, de la misma forma, quienes son presididos por este signo tienen que aprender a lle-

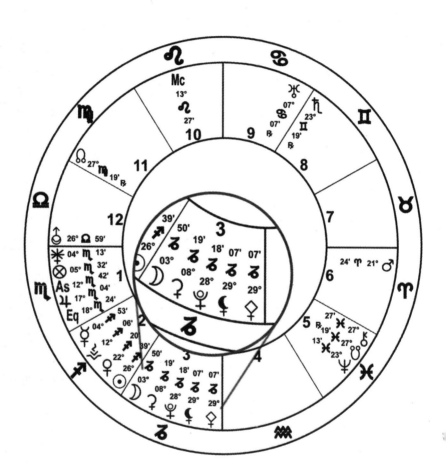

gar a términos con la sensación de que algo muy importante les fue escamoteado en la relación con el padre. Uno de los posibles efectos es la sensación de que la chispa divina que nos anima, la que da vitalidad, confianza en nuestra capacidad y sensación de merecimiento, nos ha abandonado. Tenemos entonces la impresión de quedar reducidos a materia inerte. Sentimos que no hay más remedio que sentarnos a la espera de algo que sólo puede describirse como un milagro; la esperanza de que descienda de los cielos la mano del padre divino a reconocer finalmente que, efectivamente, somos sus hijos favoritos, otorgándonos los privilegios que nos corresponden en este mundo y que durante tanto tiempo nos fueron negados. Esta expectativa, que unas veces se confunde con tranquila contemplación y otras con desvergonzada pereza, nos inmoviliza y, en el peor de los casos, puede hacerlo de por vida. Nos volvemos sonámbulos sin iniciativa, esperando, siempre esperando, sin intentar jamás responsabilizarnos verdaderamente de nuestras circunstancias. El resultado es que todo y todos a nuestro alrededor cambian, menos nosotros, que seguimos en la misma situación que siempre.

Me parece un poco chocante hacer una lista de lo que podrían ser los síntomas de depresión de la gente del altiplano; sin embargo tengo la fuerte impresión de que en el nivel colectivo los habitantes del centro del país somos con harta frecuencia presa del *Perro Negro* que sigue siempre de cerca a Capricornio. Es posible, si entendemos esto a partir del horóscopo de la virgen, que al expresarse este signo a través de un planeta femenino[19] como la Luna, la mano que esperamos que descienda del cielo sea más bien de mujer. Y si somos descaradamente rebuscados, podríamos pensar en una manifestación femenina del padre capricorniano.[20]

Las diosas

Pero es tiempo de que regresemos a la Luna y a las características que presenta en este horóscopo. A pesar de la antiscia, no
hay estrictamente hablando un equilibrio de fuerzas entre el
Sol y la Luna en el mapa de la Virgen de Guadalupe. Los astrólogos clasificamos a este horóscopo como nocturno, ya que
el momento de la aparición fue antes de la salida del Sol. Ahora, durante la madrugada del 9 de diciembre de 1531, la Luna
no era visible;[1] sin embargo las noches todas pertenecen a la
Luna, de la misma manera en que durante el día reina el Sol.
En un horóscopo nocturno puede considerarse que la Luna en
ciertas cuestiones tiene precedencia sobre el Sol. La manera de
verse a sí mismos de todos los nacidos de noche, nos dice una
antigua tradición astrológica, es más afín a la Luna que al Sol,[2]
lo que quiere decir que, en la definición de la identidad de éstos, tienen precedencia las necesidades (Luna), sobre las aspiraciones (Sol); es el caso de la Virgen de Guadalupe: la Luna en
la noche en un signo nocturno. De nuevo es pertinente recordar a un autor del siglo XVIII citado por Jacques Lafaye; nos
dice que en la aparición y la imagen de la Virgen de Guadalupe, la «Luna inmaculada» eclipsa al «Sol divino».

Señalemos ahora otra peculiaridad de la Luna en este horóscopo. Está en Capricornio, ya lo dijimos, ahora hay que
agregar que este signo, en nuestro caso específico, es el tercero
después del ascendente: Escorpión es el primer signo, Sagitario

el segundo y Capricornio el tercero. Esto es importante porque el tercer signo después del ascendente era visto por los astrólogos de la Antigüedad clásica como aquél donde residía la Diosa y también como el lugar donde la Luna encontraba su regocijo. Y no, no me lo estoy inventando. Sin embargo en este mismo tercer signo, nos dicen fuentes al parecer un poco más modernas, había que buscar aquello que se opusiera a la religión dominante.

La astrología como la conocemos en la actualidad fue codificada en un principio en la Grecia clásica, una cultura que no tenía entre sus valores principales la dimensión femenina de las cosas, ni humanas, ni divinas. Recordemos que Palas Atenea, la única diosa a la que valoraron y apreciaron de verdad, no era precisamente un dechado de atributos femeninos e incluso no nació de mujer, sino de la cabeza de Zeus[3] (encontraremos a Palas más adelante en nuestra exploración). Podemos aventurar que, como los griegos veían con sospecha la dimensión femenina de la divinidad, entonces la Luna, que simboliza este aspecto, encuentra su residencia en la casa opuesta a la que ellos consideraban la mansión de Dios, la correspondiente al noveno signo a partir del ascendente. La tercera casa, en la que se veía en la época clásica una fuerte carga femenina, ahora a veces olvidada, más adelante fue asociada con la herejía.[4]

La reflexión anterior me remite al culto original de Cihuacóatl en el Tepeyac y la manera en que éste escandaliza a los franciscanos y obliga al obispo Montúfar a dramatizar con la colocación de la imagen, la sustitución de un culto por otro. Incluso aún en la actualidad es práctica corriente verificar el reverso de las imágenes guadalupanas antes de ser bendecidas, no vaya a ser que detrás se esconda algo contrario al cristianismo. También me recuerda la popularidad de la guadalupana entre grupos de población cuya relación con el catolicismo en muchos casos es más bien tenue. No olvidemos que el nacionalismo mexicano y el catolicismo, aunque la Iglesia a veces procure convencernos de lo contrario, no son idénticos.

Siguiendo entonces con nuestra interpretación de esta faceta del horóscopo, podemos concluir que la presencia de una dimensión herética en el simbolismo guadalupano no sólo es muy importante, sino que incluso hay que verla como inherente al mismo. No podemos considerarla una simple contaminación que es susceptible de ser filtrada. Por otro lado, no creo que esta dimensión herética o contraria a la religión establecida siga girando en el presente en torno a algo puramente prehispánico. A estas alturas de la historia, el panteón mesoamericano es relevante para entender la fuerza guadalupana, sólo en la medida en que expresa cierto contenido más universal y arquetípico, lo que muchos estudiosos han llamado la Madre Terrible. Quiero aclarar que por herético entiendo aquí no algo distinto o contrario a la imagen femenina de la divinidad cristiana, sino algo más general e inclusivo.

El complejo materno de símbolos

Históricamente el catolicismo ha procurado a lo largo del tiempo que el rostro femenino de su versión de la divinidad, la Virgen María, se presente a los fieles en la medida de lo posible pasteurizado y homogeneizado. Lograrlo del todo es imposible ya que, como ocurre con los quesos, la pasteurización quitaría toda la fuerza a estas imágenes.

La complejidad de la máscara femenina de Dios incluye tanto aspectos agradables y aceptables, como otros que no lo son tanto y que, desde el punto de vista de una religión patriarcal, es mejor ignorar o al menos intentar domesticar. Por ello, antes de seguir avanzando, creo pertinente exponer el mapa de las esferas de lo femenino que desarrolló el analista jungiano Erich Neumann en su ya mencionada *The Great Mother*.

Neumann dividió en ese libro al complejo femenino de símbolos en dos ejes. El primero contiene en uno de sus extremos los aspectos positivos de la maternidad: nacimiento, renacimiento, inmortalidad y fertilidad. Diosas como Isis y Démeter corresponderían al extremo de este eje, pero también una parte del simbolismo de María, aquél donde se enfatiza su amor de madre. El otro extremo nos remitiría a la Madre Terrible con los atributos de castración, extinción, desmembramiento, enfermedad, muerte y destrucción. La figura que ilustra más claramente esta dimensión sería Kali, pero tenemos también a Hécate y a la Gorgona, la madre de Pegaso. En el extremo positivo del segundo eje, al que Neumann llama algo así como «carácter transformador positivo», tendríamos la figura de la virgen (no específicamente la católica). Parte de sus atributos serían la sabiduría, la visión, la inspiración y el éxtasis. Encontraríamos aquí a Hestia, las musas y a la Sofía hermética y neoplatónica, pero también la otra faceta de María, aquélla donde se subraya su naturaleza inmaculada. En el punto opuesto de este eje, llamado por él «carácter transformador negativo» tendríamos a Astarté, Circe, las sirenas y Lilith. Los atributos de este extremo serían de nuevo el éxtasis, pero también locura, extravío, estupor e impotencia.

Si el rostro aceptable del arquetipo[5] materno está en las imágenes de la Virgen María en general, y de la de Guadalupe en particular, también hay que recordar que el lado positivo del mismo proviene de la experiencia directa y visible. De la cercanía, calor, aceptación, nutrición y cuidado de la madre, o quien haya cumplido con esa función en nuestras vidas. Por otro lado, la dimensión negativa por lo general no proviene aparentemente de nada perceptible o manifiesto, más bien parece originarse en algún tipo de experiencia interior, pues la angustia, el horror y el peligro asociados a esta Madre Terrible universal no pueden derivarse de ningún atributo evidente de la madre o la maternidad. Aunque invisible, todas las culturas reconocen esta dimensión de lo femenino materno, incluso la cultura occidental, que no acepta su carácter divino, la reconoce e incluso la teme en la poderosa figura de la bruja. La Nueva España tuvo su propia y popular versión: la Llorona.

Hay algo que es pertinente subrayar del esquema de Neumann: de acuerdo con las reglas de interpretación de los símbolos, un extremo de un eje tiene más en común con el otro extremo, que con lo que está a medio camino entre ambos. Esto es, algo situado en el límite de un espectro va a implicar y a tener una profunda identidad con lo que está en el límite opuesto de ese mismo espectro. Como si los símbolos requirieran siempre de un equilibrio o de que la suma total siempre diera cero. Así, la Madre Buena es una cara de la medalla y la Madre Terrible es el reverso de la misma. La moneda es impensable sin uno de sus lados, aunque en nuestro caso una cara sea aparentemente invisible o más bien inaceptable. Es por ello que incluso la imagen de la Virgen de Guadalupe va a proyectar una sombra que va a ser de una naturaleza opuesta, pero igualmente intensa, a la perceptible y luminosa.

La manera en que los rostros bueno y terrible de lo materno se implican mutuamente está particularmente bien ilustrado en el cuento de Haensel y Gretel, donde la bruja, que representa a la madre real como opuesta a la madre ideal, mima en exceso y cumple con todos los caprichos de los niños. Pero al hacerlo les impide convertirse en seres independientes capaces de valerse por sí mismos, reabsorbiéndolos o devorándolos con los mismos actos de su bondad.

La carta natal levantada para la madrugada del 9 de diciembre de 1531 necesariamente tiene que hablarnos no sólo del lado luminoso, sino también de la sombra. Debe de quedar claro que esa sombra no es la Virgen de Guadalupe, pues ese nombre corresponde a uno de los rostros de la Madre Buena, pero para comprender algo tenemos que examinar tanto a lo que es abarcado dentro de los márgenes, como lo que inconsciente pero significativamente es dejado afuera.

Notemos que en ese tercer signo, al que habíamos llamado la residencia de la Diosa, la Luna no se encuentra sola. En la misma habitación, por decirlo así, encontramos más glifos; dos representan asteroides y hablaremos de ellos después,[6] prestemos atención ahora a los más oscuros, los que designan a Plutón y lo que los astrólogos llaman Lilith o la Luna Negra. Fieles a nuestra línea de razonamiento señalemos de entrada que ambos puntos, tanto simbólica como literalmente, implican ausencia de luz.

Pienso en Plutón como ausencia de luz e incluso me vienen a la mente las circunstancias de su descubrimiento por Clyde Tombaugh en 1930. Tombaugh en ese entonces era un joven astrónomo aficionado, sin recursos para asistir a la universidad. Gracias a unos dibujos que hizo a partir de sus observaciones de la superficie de Marte, fue contratado por el director del observatorio Lowell en Flagstaff, Arizona, para intentar descubrir el llamado en ese entonces planeta X. Tombaugh fotografiaba cada noche el área del cielo donde Percival Lowell había predicho, antes de su muerte treinta años atrás, que se encontraría el nuevo planeta. Con un instrumento llamado microscopio de parpadeo, comparaba las placas tomadas en distintas noches, para ver si algo cambiaba de una a la otra.

Cada placa registraba varias decenas de miles de estrellas, así que el trabajo no era fácil ni rápido. Finalmente, el 18 de febrero de 1930 Tombaugh notó que una estrella, que normalmente estaba ahí, había desaparecido para dejarse ver en una fotografía tomada un par de noches después. Lo que había oscurecido a esa estrella era justamente Plutón,[7] arrastrándose frente a ella. No luz sino oscuridad fue su manifestación. Plutón recorre su órbita en poco más de 247 años, mimetizado perfectamente contra el negro fondo celeste y sólo delatando su presencia al eclipsar a una estrella. En la mitología Plutón, el dios del inframundo, al caminar entre los mortales, usa siempre un yelmo que lo hace invisible.

En realidad «Plutón» no es el nombre del señor del reino de los muertos, sino el eufemismo que se favorecía para evitar el verdadero: Hades. Se temía que al usar su nombre se podía, sin querer, invocarlo. Por ello los griegos preferían, cuando no quedaba más remedio que referirse a él, hacerlo oblicuamente, llamándole «el rico», que es lo que quiere decir «Plutón». En 1930, año del descubrimiento de Plutón, T.S. Eliot escribió un par de versos que resumen perfectamente el simbolismo astrológico de este planeta:

Birth, and copulation, and death.
That's all the facts when you come to brass tacks

A pesar de llevar el nombre de un dios con muchos atributos característicamente masculinos, el simbolismo del Plutón astrológico es claramente femenino; o siendo más precisos, oscuramente femenino.[8] Recordemos el esquema de Neumann y comparémoslo con los hechos de la vida de que habla Eliot y que lo describen tan bien, Plutón no solamente no se ve, sino que significa muerte, transformación, fertilidad, seducción y poder. En su simbolismo se unen también extremismo e intensidad en una mezcla inestable, primitiva y volcánica que difícilmente puede encontrar un espacio en un universo donde la conciencia se ve a sí misma como heroica triunfadora sobre el caos. De nuevo el *id* freudiano puede ayudarnos a entender al Plutón astrológico.

Todos aprendimos en la primaria que Plutón es un planeta, pero Lilith, o la Luna Negra, requiere de una introducción. Lilith es el nombre que desde los años treinta del siglo XX dan los astrólogos franceses, con un obvio sentido de lo dramático, al extremo de la órbita lunar más alejado de la Tierra. En otras palabras, el apogeo, o desde un punto de vista geométrico, el otro foco, el que no es la Tierra, de la elipse que forma el trayecto lunar y que tarda nueve años y casi diez meses en recorrer el Zodiaco. Queda claro que no se trata de un planeta, sino de un elemento inmaterial y sólo apreciable indirectamente de la órbita lunar. Hay dos maneras de calcular este punto;[9] una de ellas lo coloca al lado de Plutón, como ya mencioné; pero la otra, que incluye correcciones para ciertas perturbaciones y que según algunos es más precisa, lo sitúa mucho más cerca de la Luna.

El apogeo lunar sugiere tanto ausencia, como oscuridad y lejanía. Incluso las mareas son veinte por ciento menos intensas de lo normal cuando la Luna está en el punto más alejado de su órbita. La mitología de Lilith se remonta a Sumeria, donde Lil (viento) era un demonio femenino que seducía a los hombres en su sueño. De ahí pasa a Babilonia, donde también fue considerada asesina de recién nacidos. Es justamente en este periodo cuando Lilith es incorporada a la mitología judía, aunque en el Antiguo Testamento sólo se le mencione de paso una vez (Isaías 34:14). Es hasta el texto rabínico *Alfabeto de Ben*

Sira donde encontramos desarrollada la historia de Lilith, que es la que sigue: cuando Dios creó a Adán se dio cuenta de que no era bueno para el hombre existir solo, así que creó una mujer de barro, de la misma manera que había creado a Adán; y llamó a esta mujer Lilith. Inmediatamente Lilith y Adán empezaron a pelear. Insistiendo que eran iguales, Lilith se negó a yacer debajo de Adán, mientras que él argumentaba que lo apropiado era que él, como hombre, estuviera arriba. Pronunciando el nombre inefable de Dios, Lilith se fue volando. En respuesta a las quejas de Adán, Dios ordenó a tres ángeles traer de regreso a Lilith diciéndole que, si se rehusaba, cien de sus hijos demonios morirían cada día. Lilith se negó y juró que, como venganza del para ella injusto castigo, de ahí en adelante mataría a los recién nacidos (los paralelismos con la historia de la Llorona no son gratuitos).

Desde el punto de vista astrológico Lilith está asociada a las facetas de lo femenino que se escapan a la visión de la mujer como alguien que complace, decora, pare, cuida y nutre. Aunque no se trata aquí de un aspecto fálico de lo femenino, tampoco es algo pasivo esperando a ser penetrado, sino que demuestra su igualdad y con ello su amenaza potencial, al activamente rodearnos, cubrirnos y envolvernos: uno puede penetrar al túnel de una mina, pero pronto tendremos la sensación de que la oscuridad es la que al envolvernos toma un papel activo. Lilith nos recuerda el vértigo y la impotencia que sentimos cuando la vida se convierte en el irresistible abismo que nos succiona y nos traga. La historia rabínica anterior ilustra perfectamente de qué estamos hablando, pero de nuevo vale la pena referirnos también al esquema de Neumann.

Curiosa y paradójicamente, justo en el mismo grado del Zodiaco en el que estaba Lilith, se encontraba también en ese momento Palas Atenea, el segundo asteroide en ser descubierto, en 1802, entre las órbitas de Marte y Júpiter,[10] y con un periodo orbital de poco más de cuatro años. Atenea era la virgen guerrera que no tomaba amantes ni consortes y que, al mismo tiempo, negaba sus orígenes matriarcales proclamando ella misma que, literalmente, no tenía madre. Era la diosa que presidía sobre los saberes, la técnica, la estrategia militar, la justicia y el domado de los caballos. Se trata claramente del rostro de lo femenino como principio civilizador. Esta diosa nos recuerda que la razón, como fuerza legitimadora, no pertenece al ámbito de lo masculino.

Sería difícil pensar en dos símbolos astrológicos tan antagónicos como Lilith y Atenea: el abismo y la biblioteca, ambos potenciados por Plutón, para quien muerte y fertilidad son sinónimos. Sin embargo tampoco encontraremos en el universo astrológico emblemas femeninos que coincidan tanto en su independencia militar como estos dos. Es interesante notar que del mundo novohispano surgió una figura que encarna a la perfección la unión entre Lilith, Plutón y Atenea hasta convertirse en el segundo de los tres rostros de lo femenino en nuestra cultura: Sor Juana,[11] no la madre, la hija. Uno de los espíritus más agudos, cultivados y fértiles que han visto estas tierras, abierta discípula de Minerva, pero en cuya poderosa inteligencia la jerarquía eclesiástica, perceptivamente, reconoció y temió *eso* que los astrólogos llamamos Lilith y Plutón. Incluso para sus protectores, la mente de Sor Juana no era nada más un estanque tranquilo donde ver el reflejo del azul del cielo. Como lo vemos en su poesía, la noche también era su territorio. Un genio de tamaño tal es por naturaleza perturbador. Manifestación primordial del poder trasmutador (Plutón) de la irreductibilidad femenina (Lilith) como lucidez intelectual (Palas Atenea). Robert Musil, Escorpión como Sor Juana, escribió algo que puede resumir la obra de ella: la Verdad no es un cristal que podamos guardar en un bolsillo, es un abismo líquido en el que nos sumergimos de cabeza. Tal parece que el milagro que fue la Sor Juana histórica se vuelve en el mito una de las facetas más brillantes de la dimensión transformadora de Guadalupe: una musa cuya voz es canto de sirena.

Pero en nuestros tiempos la unión del poder, la autosuficiencia y la insumisión femenina de la hija, representada por Plutón, Palas Atenea y Lilith, tienen también el rostro de innumerables tragedias. El ejemplo contemporáneo más alarmante está en Ciudad Juárez, donde han matado a cientos de jovencitas que intentaban valerse por sí mismas en un mundo de hombres (Palas Atenea);[12] chicas que, sin proponérselo, se revelaban contra una sociedad que las sometía (Lilith), buscando tener un mínimo poder para transformar sus vidas (Plutón). Todos hemos venido leyendo durante años en los periódicos sobre una tragedia en la que la sociedad completa ha actuado como cómplice. Ni la innegable negligencia policiaca, unida a la complicidad de decenas de funcionarios, basta para entender por qué la matanza continúa. Sólo el carácter arquetípico de este espantoso drama puede explicar lo más escandaloso de todo: los nuevos usos y costumbres que la frontera comienza a exportar. A través de los homicidas se manifiesta la cara más oscura y patológica de un complejo de símbolos que compartimos todos. Al asesinar, al condenar al silencio del convento, al no permitir que la esposa trabaje o al pagarle los estudios universitarios al varón, cuando fue la hija quien tuvo mejores calificaciones, se busca contribuir a que las mujeres se encuentren a sí mismas. Se les hace un favor. Para una masculinidad en perpetua huida y para la feminidad que, como en el cuento de Haensel y Gretel, al mimarla la devora, nada más amenazante que unas jovencitas que intentan levantarse de los bajos fondos con sus propios recursos y sin depender de nadie (como dice el policía de *Salón México*). Frente a esto, instintivamente, la sociedad completa entiende una cosa: todas son unas putas aunque mueran sin saberlo. El móvil de estos crímenes tiene, entre otras, una dimensión ritual. No hablo de cultos satánicos que exigen sacrificio a cambio de beneficios materiales, sino de un acto que se repite una y otra vez buscando restaurar el orden que se ha roto y con ello convertir el caos en cosmos: deja de ser hija y conviértete en madre.

Hemos estado revisando las implicaciones de Plutón, Palas y Lilith, estrechamente unidas al final del signo de Capricornio; sin embargo hay que recordar que al comienzo del mismo estaba la Luna en conjunción con otro asteroide al que también debemos dar importancia: Ceres, descubierto en 1801 y como casi todos los cuerpos del cinturón de asteroides, con un periodo orbital de alrededor de cuatro años.

De las diosas olímpicas, Ceres o Démeter es la que mejor ejemplifica las cualidades maternas. Ella era la diosa de la agricultura, por lo que le correspondía producir alimentos y nutrir a los habitantes de la Tierra. El mito central en el que participa es aquél en el que Plutón rapta a Perséfone, su hija, y la lleva con él al mundo de los muertos. La depresión y el enojo de Ceres por la separación y pérdida se manifiestan como infertilidad de la Tierra y hambre para sus habitantes. Dada la magnitud del problema, Zeus tiene que intervenir, pero Perséfone ha comido semillas de granada, lo que quiere decir que es ahora consciente de su sexualidad y ha establecido un vínculo con Plutón. En dos palabras: ha madurado. Para evitar una catástrofe, al final todos llegan a un acuerdo: en el otoño y el invierno, Perséfone vivirá en el reino de su ahora esposo, pero cada primavera regresará con su madre y con ello la naturaleza recobra la fertilidad.

La afinidad entre el simbolismo de la Luna y el de Ceres es grande. Para los astrólogos Luna es el sostén, el receptáculo y la materia prima de la vida, mientras que Ceres representa el impulso para nutrir y alimentar. La conjunción de ambas concentra en una sola y poderosa imagen el simbolismo de la madre buena, aquélla que sólo existe para los hijos. Los protege, los nutre, los mima, les evita esfuerzos y sufrimientos, se entrega y se identifica por completo con ellos. Sin embargo el mito de Ceres es aleccionador. Factores aparentemente externos causan la separación, la simbiosis entre madre e hija termina contra su voluntad. Se requiere la experiencia de la pérdida para hacer posible más adelante un reencuentro en un nivel de madurez distinto para que la vida continúe. Plutón al quitar permite la renovación, fertiliza y evita el estancamiento. Cortar el cordón umbilical es doloroso, pero si no lo hacemos, si queremos seguir protegiendo indefinidamente a los hijos, se harán viejos con nosotros, no habrá nietos. Lo que permite que la vida se renueve es, paradójicamente, la separación que, como el mito nos sugiere, es la experiencia arquetípica central por la que deben de pasar quienes nutren, cuidan y alimentan. Sin embargo, difícilmente alguien enfrenta ese dolor voluntariamente, así que con frecuencia se escoge tratar de evitarlo. Al hacerlo, la madre que da vida se vuelve aquélla que la reclama para sí, que la devora. Parafraseando a Mark Twain hay que decir que la madre buena y la terrible son distintas pero actúan igual, se ven igual y tienen el mismo nombre. Es sólo la separación, contra su voluntad, lo que establece la diferencia.

Nuestra cultura, y el Estado como parte de ella, no acepta ni quiere entender que ser buena madre y ser madre terrible pueden ser la misma cosa. Al no reconocer el rostro terrible de este arquetipo, se le fortalece. El problema aquí es que todo símbolo se expresa en términos de polaridad, por lo que la necesaria cara negativa se sigue buscando inconscientemente pero no en la propia maternidad, que es el lugar donde reside, sino en la dimensión de lo femenino que no corresponde a la madre o a la consorte, la mujer que busca la independencia y la realización a través de ella misma y no de sus hijos o su esposo.

Recapitulemos: ¿qué tenemos en el signo de Capricornio? En una esquina, dos aliados, la Luna y Ceres: la madre; en la otra, tres, Plutón, Palas y Lilith: la hija. La mitología nos permite percatarnos de que Ceres y Plutón, más que rivales, en realidad son cómplices.[13] Claro, ellos no lo saben. Recordemos también que el signo de Capricornio, cuyo dilema es masculino y que explicamos en términos femeninos por estar ahí la Luna, implica otra rivalidad, en ese caso madre-hija. Señalamos antes cómo lo que una representaba es lo que permite la liberación de la otra.

Tenemos entonces dos grupos antagónicos, pero potencialmente complementarios, ocupando un signo que involucra una polarización y la necesidad de un acuerdo. Cada uno tiene que aceptar al otro para que ambos encuentren su expresión más constructiva: una mujer fuerte, que atiende sus necesidades y persigue sus aspiraciones, es humanamente incapaz de ser la madre perfecta. Al no serlo, los vínculos con sus hijos tienen que ser también imperfectos y con ello frágiles. Gracias a eso, independizarse de la madre deja de ser un viaje interminable en el océano de las culpas. Al existir la separación, por dolorosa que sea, una dimensión de la madre terrible pierde su poder.

Sin embargo un observador atento de la sociedad mexicana notará que el aparente espacio abierto para las distintas maneras de ser mujer en realidad no lo es tal. Sigue habiendo una sola forma aceptable de ser mujer. Se puede posponer el identificarse con ella y probarse temporalmente en el mundo de los hombres, pero tarde o temprano se debe asumir lo que se es. Dar señales de pretender otra cosa puede conjurar, en el imaginario nacional, las dos caras de la maldad femenina: la puta o la bruja. En el primer caso tenemos el ejemplo de los crímenes de Ciudad Juárez; en el segundo, las aspiraciones de las primeras damas para acceder al poder. Si es legal o justo que ocupen el puesto de los maridos o si tienen o no la calidad moral o la capacidad para hacerlo, no lo sé. Lo que quiero subrayar aquí es la reacción histérica que las aspiraciones de estas mujeres despertaron al desviarse del rol exacto en donde todos nos sentimos cómodos de verlas. Obviamente el asunto toca una fibra sensible y la exagerada respuesta emocional de la sociedad y los medios frente al mismo tiene más de enfrentamiento con un arquetipo que con una aspiración política personal. Luna y Ceres, quien nutre y apoya al presidente (o gobernador); o Plutón, Palas y Lilith, la mujer intelectualmente independiente con aspiraciones propias. Luna y Ceres, quien devora y nulifica al mandatario; o Plutón, Palas y Lilith, la mujer egoísta enferma de poder que no entiende razones.

Vale la pena recordar que, con cierta frecuencia, podemos encontrar imágenes de la Virgen de Guadalupe con pequeñas variantes respecto de la pintura original. Una común y que corresponde mejor a su caracterización como Virgen Apocalíptica es representarla matando con el pie a una serpiente o con un dragón, generalmente rojo, a sus pies. El dragón, o la serpiente monstruosa, es en muchas culturas la forma más común de representar a la madre terrible. Lo que tenemos en estas ilustraciones, contrariamente a lo que pudiera pensarse, es sencillamente dos aspectos del mismo principio.

Hablando de sombras me viene otra vez a la mente aquel autor novohispano que llamó a la Virgen de Guadalupe «Eclipse de Sol Divino», ya que todo el dramatismo de los eclipses se origina en que el disco lunar se interpone entre nosotros y el Sol, secuestrando aunque sea por unos instantes su luz. La tradición hermética ve al cono de sombra que baja de los cielos como el puente o la escalera por el cual ascienden y descienden las almas que llegan al mundo sublunar o parten de él. Los eclipses, como umbrales que conducen a las almas a su encarnación, tienen claramente una función femenina y materna. Aquí hay una conexión interesante, ya que la prodigiosa y terrible diosa Kali es representada en la iconografía popular hindú literalmente como el negro disco lunar ocultando al Sol. Esto tiene un paralelismo con una composición simbólicamente adecuada que recientemente se ha popularizado en carteles y camisetas y que presenta un acercamiento del rostro de la virgen ocultando en parte a un incandescente globo solar tomado obviamente de una fotografía astronómica. Si como Kali, la Virgen de Guadalupe es un «Eclipse de Sol divino», como muchos han querido ver, entonces el dragón a sus pies es sólo su imagen en el espejo.

Muchos de los que han escrito sobre la identidad nacional, de Santiago Ramírez a Octavio Paz,[14] se han concentrado en explicarla a partir de dilemas y procesos psicológicos característicamente masculinos. Describieron a lo femenino como algo valioso y misterioso pero pasivo, frágil y mancillado. Lo que nos sugiere la revisión que acabamos de hacer es que esta visión es por lo menos ingenua y parcial. Si este horóscopo tiene algo que decir al respecto, entonces las peculiaridades de una feminidad activa, poderosa hasta lo amenazante, aunque de ninguna manera libre de patologías, es la que tiene el rol protagónico. La masculinidad reactiva e impostada a la que llamamos machismo es sólo un lamentable mecanismo de defensa que inconscientemente fortalece aquello que desprecia.

La historia de la Malinche, el primero de los rostros femeninos de nuestra identidad y que a estas alturas es un mito fundacional, puede ser reinterpretado a la luz de este horóscopo de otra forma: la mujer que hace suyo al conquistador con una maniobra envolvente en la que lo rodea, lo absorbe y lo integra; la Malinche como la Luna que eclipsa al conquistador solar. El mestizaje es el triunfo de la madre, pues los hijos le pertenecen a ella y sólo en segundo lugar, si acaso, al padre. Si insistimos en mirar al mestizaje como un enfrentamiento entre la Luna americana y el Sol europeo, entonces la única posible victoria para él hubiera sido rechazarla, traer del otro lado del Atlántico unos hijos que no fueran de ella y exterminar a la población nativa. La conjunción de Ceres con la Luna en Capricornio describe a la madre perfecta, una que hace lo que tiene que hacer. Protege a sus hijos con una maniobra infalible: tiene los de él. La Malinche real pudo haber sido una víctima intentando sobrevivir, nunca sabremos todos los detalles de la historia, pero para nosotros representa, entre otras muchas cosas, la manifestación de un arquetipo con una estrategia que se hunde en la noche de los tiempos. Un escritor del barroco novohispano la hubiera descrito así: Malitzin-Perséfone, consorte de Hernán Cortés-Hades, no traiciona a su tierra materna (o Madre Tierra), sino que al quedarse con el intruso restaura su fertilidad: le da nietos y toma el lugar de Ceres.

El éxito total de la madre es la esclavitud de un hijo que es en realidad dos. Gratitud eterna y desprecio hostil son hermanos gemelos. Referirse a lo femenino con un lenguaje peyorativo y denigrante es un intento de exorcismo. La frecuencia y la repetición con que se menosprecia a lo femenino denota urgencia y es en realidad un conjuro: señálame qué insistes en devaluar y te diré qué te domina. Si todo se reduce a una metáfora sexual, preguntémonos: en el coito ¿realmente quién posee a quién: el que es rodeado o quien lo envuelve? La cultura es literalmente una matriz. Nos circunda con sus colores, sabores y sonidos. ¿Qué tiene México que sea más poderoso y más vivo que su cocina? La tortilla es el disco lunar[15] que triunfa al envolverlo todo.

Es importante recalcar que estoy hablando de un arqueti-po, no de las mujeres reales. Incluso muchas feministas come-ten el error de confundir sexo con género. Como expondré a continuación, muy bien puede ser la humanidad de ellas lo más amenazado por la potencia de esta dimensión transperso-nal del género. No perdamos de vista que el machismo, que es síntoma de muchas cosas, también es el brazo armado y visible de la Madre Terrible.

De regreso al signo del ascendente

De la dicotomía entre el rostro luminoso y el amenazante de la madre también nos habla uno de los mitos más comúnmente asociados a Escorpión, signo que, como ya vimos, corresponde al ascendente de la aparición. Se trata de la historia de Perseo y una de las Gorgonas. Este héroe tiene que matar a Medusa, la única mortal de las tres Gorgonas, para salvar a su madre, Da-nae, de un matrimonio contra su voluntad. Medusa, hija de Metis y antes una bella doncella, fue convertida en monstruo con cabellera de serpientes por Atenea, su propia hermana, como represalia por profanar su templo. El rostro de Medusa es la imagen del odio y la ira femeninos (baste recordar el ex-traordinario escudo con su imagen que pintó Caravaggio) y su efecto es la parálisis inmediata de todo aquél que la mira. El tema subyacente parece ser aquí otra vez una dualidad, la redención de la figura de una mujer, la madre buena, al con-quistar a otra, clara y explícitamente también madre, pero mala. De nuevo es útil aquí no perder de vista el esquema de Neumann. La batalla para liberar, o más bien reconciliar, a lo femenino materno con su contraparte destructiva es en todos los casos un asunto integral del simbolismo de Escorpión.[16] Tal parece que esta contradicción, o quizá debiéramos decir paradoja, respecto de la dimensión simbólica de la mujer es uno de los asuntos que al revisar este horóscopo encontramos una y otra vez.

Como ejemplo de la forma en que el tema escorpiónico de los dos rostros maternos se manifiesta en nuestra cultura, basta recordar cómo se festeja el día de las madres en el país. Está claro que el diez de mayo y el doce de diciembre celebran la cara individual y la colectiva del mismo principio, pero ¿qué ocurre con la persona que inevitablemente lo tiene que encarnar? Recordemos que ser buena madre por definición implica negar cualquier interés personal. Lo que se reconoce en el festejo por lo tanto, y esto es evidente por el tipo de ofrendas que se hacen, es que una mujer haya renunciado a ser un individuo por derecho propio. La forma que se ha escogido para salvar a la madre buena es no reconocer al ser humano de carne y hueso, sino honrar sólo su investidura y ayudarla a que mejor se identifique con ella. La olla express, la licuadora, la plancha y la lavadora son sus atributos. En esta celebración, las aspiraciones y los deseos personales son vistos como los rasgos del rostro de la madre mala que debe de ser exorcizado de toda mujer para rescatar a la madre buena. Muchas mujeres incluso participan de forma voluntaria en este proceso ritual, arrojando a la hoguera distintos aspectos de su naturaleza hasta convertirse en figuras admirables, sí, pero inhumanas. El precio a pagar sin embargo es alto, no se puede sencillamente cancelar un aspecto vivo de la psique (ninguna mujer es nada más madre) sin que haya algún tipo de repercusión. Ahí es donde el verdadero rostro de Medusa reside. El resentimiento y la ira no son, como pudiera parecer, el rostro malvado que intencionalmente se ha dejado fuera. La irrefrenable furia es simplemente la reacción frente al exilio. Al liberar a la madre arquetípica de su femenina humanidad, se invierte y pervierte la ecuación escorpiónica. Mientras más brillante queramos ver al rostro luminoso, más dramática y oscura será la sombra que proyecte. Es a la persona, que es a la vez madre, a la que hay que rescatar de la identificación excesiva con su investidura. De otra forma el sacrificio de lo humano en el altar de la madre no sólo es la esclavitud de ella, sino principalmente la de sus hijos y el diez de mayo continuará siendo lo que es hoy en día: la fecha en que todos refrendamos nuestras culpas frente a un arquetipo que continuamente nos traga.

Pegaso y México

Retomemos de nuevo la historia de Perseo donde la dejamos, con la muerte de Medusa. Los detalles son numerosos y la narración nos dice en una versión que de una de las gotas derramadas de la sangre de Medusa nace el caballo alado Pegaso, pero otra versión, más significativa para nosotros porque es la que la hace madre, sostiene que el corcel es el hijo de Poseidón que quedó atrapado en el vientre de Medusa al dejar ésta de ser mujer y es liberado con la muerte del monstruo. En cualquier caso, al llegar a Pegaso encontramos una nueva y extraordinaria conexión en relación con la identidad nacional. Como mencioné ya en *Vicios y Prejuicios de la Astrología*, Henrico Martínez estableció en 1606, apegándose a la máxima hermética: «Como es arriba es abajo para que se realice el eterno milagro de lo uno», que la constelación para la cual México es el reflejo terrenal resulta justamente ser la de Pegaso.[17] A partir de entonces el mito donde aparece el caballo alado se volvió una alegoría muy popular de la conquista en la Nueva España.[18] Dependiendo del momento, se equiparó a Perseo con

Cortés, con Colón o con el virrey en turno, mientras que Medusa era invariablemente la idolatría del mundo prehispánico decapitada por los españoles. Por su parte Pegaso, según esta alegoría, representaba a la nueva nación surgida con la conquista. Si jugamos el juego barroco de hacer de la mitología ideología, las permutaciones son muchas. Por ejemplo, también se puede sugerir que en esta historia Cortés es en realidad Poseidón, el dios caballo, que al violar a la sacerdotisa y doncella Medusa, que representa al impoluto mundo prehispánico, es el único responsable de la existencia de la espantosa criatura que habita en los sótanos y laberintos de nuestra conciencia. Perseo entonces puede ser Hidalgo o quizá Zapata, o quienes han hecho de su apellido un «ismo». Para los políticos Medusa es la delincuencia y la corrupción, Pegaso, el México posible que ellos, espada en mano… Pero regresemos a la interpretación novohispana de la historia.

La palabra «Pegaso» en griego quiere decir «manantial» y una de las atribuciones del corcel alado era la de hacer brotar agua donde golpeara con sus cascos. Durante la Colonia el significado más popular aceptado de la palabra «México» era justamente «manantial». Así que para la mente barroca de los sabios del XVII y XVIII «México» y «Pegaso» eran a fin de cuentas sinónimos. Ahora, a este híbrido de caballo y ave muy bien puede vérsele como a una mandorla, ya que se trata de un ser que representa la intersección entre el Cielo y la Tierra. Recordemos a la vez que en un principio relacionamos al mestizaje y a la convivencia de dos culturas tan diversas, con las únicas dos figuras zodiacales ensambladas: la cabra marina y el centauro. Pero podríamos añadir a esta cuenta otra criatura, no zodiacal,[19] pero sí celeste: Pegaso.

La mitología señala una fuerte conexión simbólica entre la figura de Pegaso y el signo de Escorpión. Ambas imágenes se han usado en el pasado para buscar atrapar o construir, una identidad simbólica del país. Hay que apuntar que para muchos astrólogos el signo más apropiado para presidir sobre México ha sido justamente el de Escorpión. El razonamiento tras esta atribución seguramente gira en torno a los sacrificios humanos del pasado prehispánico, la gran importancia del día de muertos, la gran cantidad de volcanes en el centro del país y, por qué no, a la sangrienta Revolución Mexicana que conmemoramos el 20 de noviembre, con el Sol en este signo. No sé desde hace cuanto tiempo se volvió popular la conexión México-Escorpión; posiblemente es moderna y se remonte nada más a mediados del siglo xx. Al mismo tiempo, esta correlación parecería estar basada en una visión estereotípica, turística y simplona tanto del país como del simbolismo astrológico, pero el mismo hecho de que continuamente se repita le da en cierto modo legitimidad y en última instancia le confiere vida propia.

Tradicionalmente, como ya mencionamos, el llamado signo de algo o alguien era el del ascendente, no el del Sol. Creo que he mostrado argumentos suficientes para considerar que el horóscopo de la Virgen de Guadalupe puede ser visto como el de la identidad que surge o que comienza a consolidarse, después de la Conquista. Si esto es así, es factible decir que México tiene dos signos zodiacales: Capricornio y Escorpión, ascendentes de dos fechas míticas, la Creación del Mundo vista desde nuestras coordenadas, a la que hace referencia Henrico Martínez, y la aparición guadalupana. Y desde luego queda la figura tutelar del Pegaso mirándonos desde los cielos y sirviendo de espejo del Quetzalcóatl escindido que es nuestro escudo del águila y la serpiente. A esto regresaremos más adelante.

Si miramos el horizonte en la dirección Este, encontraremos la zona donde el cielo completo, con el Sol, la Luna y las estrellas, emerge perpetuamente del interior de la Tierra. Ella pare continuamente a los cielos desde ahí (y los cielos a su vez fecundan a la Tierra al hundirse en ella en el lado opuesto). El ascendente, el punto del Zodiaco que emerge de las entrañas del mundo, representa la forma que le confiere la Tierra a algo, sus atributos terrenos visibles. Por eso, como he mencionado antes, el signo del ascendente describe la apariencia, pero esto hay que matizarlo. Sería disparatado suponer, hablando de una persona, que la estatura, la corpulencia y los colores del pelo o la piel tienen una correlación astrológica directa. Aquello que depende principalmente de la herencia genética difícilmente se podría establecer a partir de un horóscopo. Sin embargo la astrología afirma que esa «forma» que la Tierra nos entrega en el ascendente puede entenderse como los atributos que conforman nuestra personalidad. Por ejemplo, el porte, la disposición y el estilo deben ser descritos por el signo que cruza el horizonte al momento del nacimiento. Sin embargo el ascendente también delinea la predisposición innata que todos tenemos a notar a nuestro alrededor ciertas «formas» sobre otras. Es un filtro a través del cual percibimos selectivamente la realidad. Por ello el ascendente también describe los prejuicios con los que, sin percatarnos, juzgamos todo lo que encontramos.

En una simplificación extrema pero útil diré que nuestros prejuicios son nuestra personalidad y estilo. Visto así, podemos afirmar que Escorpión en el ascendente implica una actitud de reserva y hasta de recelo al encontrar una situación inédita o a una persona a la que todavía no se conoce. Se prejuzga que nada va a resultar nunca lo que parece y que nadie nos mostrará de principio sus verdaderas intenciones. Las apariencias jamás serán dignas de confianza, pues para quien nace con este signo en el horizonte, siempre habrá algo detrás acechando, incluso amenazando. Como si la vida discurriera en la selva y los modales sólo disfrazaran una realidad más simple: comes o eres comido. Hay que estar por ello siempre preparados para enfrentamientos de naturaleza diversa. Todo es peligroso hasta que no demuestre lo contrario. Lo que veamos o escuchemos siempre deberá ser descifrado en busca de una verdad oculta. A la vez, nuestros pronunciamientos esconderán siempre mucho más de lo que revelarán. Las intenciones sólo se manifiestan de manera oblicua e indirecta; lo que predomina en todo trato es el ocultamiento y el secreto, sólo así nos sentimos seguros. A veces más leve, a veces menos, pero invariablemente hay un rasgo paranoico en quienes tienen el ascendente en Escorpión. Al fin y al cabo se trata del signo del guerrero, mejor preparado para identificar al enemigo y luchar con él que para negociar con el vecino.[20]

El ascendente Escorpión hace a México un país profundamente conservador, pero no en el sentido que en política se da al término. Tampoco se trata del conservadurismo del signo opuesto, Tauro, que aprecia y disfruta de la monotonía y la repetición. Escorpión sencillamente desconfía de lo nuevo. La frase «Más vale malo por conocido que bueno por conocer» fue acuñada por alguien con el ascendente en este signo. Si se presiona buscando un cambio, aunque sea explícitamente para mejorar, sólo se confirmarán los prejuicios de que lo nuevo amenaza la integridad y se provocará una resistencia mucho mayor. Entonces ya no habrá razón que valga y la negativa al cambio puede escalar con facilidad hasta terrenos autodestructivos. Lo que no es familiar debe de introducirse a cuenta gotas, sin presionar, y esperar a que poco a poco el recelo vaya disminuyendo. Sólo entonces, paulatinamente, la novedad será aceptada e integrada.

Es claro que nuestro escudo con su serpiente y su águila, y el himno con sus enemigos amenazantes y gritos de guerra, sólo pueden identificar a un signo que percibe la realidad como acabamos de describirla. Las circunstancias y la historia a veces han justificado ver las cosas así. Con razón o sin ella es difícil dejar de sentir que los otros intentan profanar con sus plantas (termoeléctricas y petroquímicas sobre todo) nuestro suelo.

Pero el ascendente Escorpión explica sólo en parte el estilo nacional. Pienso, por ejemplo, en el exagerado uso de los diminutivos. Los lingüistas nos dicen que es una herencia del náhuatl, en el que tienen una función reverencial. Pero saber de dónde vienen no explica suficientemente su popularidad, pues deja fuera la función que cumplen entre nosotros. ¿Por qué esa característica del náhuatl y no otras? Por otro lado, si miramos el empleo de los diminutivos desde una perspectiva escorpiónica, tenemos que pensar que cumplen una función distinta: esconden o compensan algo. Pareciera que se quiere mantener tranquila a una bestia peligrosa, evitando los movimientos súbitos, haciendo caricias tranquilizadoras que enfatizan nuestras buenas intenciones. Como si el hacer o decir las cosas de forma directa y clara pudiera resultar demasiado brusco u ofensivo. Hay algo de temor a una violencia real o imaginaria en el uso de los diminutivos. Como si se esperara que algo peligroso e impredecible se saliera de control. Nuestra historia desde luego justifica con creces este miedo. Pero la forma en que se usan los diminutivos denota también una exuberancia y un exceso que parecerían no ser consistentes con la usual parquedad escorpiónica.

El lenguaje de la política en México tiene también ese mismo estilo. Las cosas rara vez pueden expresarse directamente.

Y no es que se trate de ser diplomático, ya que es posible decir lo que se quiere sin ofender, escogiendo las palabras con cuidado. Pero no, aquí todo es oblicuo, parabólico y preñado de implicaciones indirectas, cuando bien nos va, si no es que es una cortina de humo que oculta la ausencia de sustancia. Los analistas en los diarios deben ser antes que nada traductores e intérpretes de lo que los políticos dicen. Los escorpiones sólo se mueven para ocultarse, instintivamente eluden la luz. Hay la certeza de que desplazarse en línea recta hace el camino predecible por el enemigo y coloca en demasiados peligros. Sin embargo, si alguien llegara a decir o hacer algo directamente, nadie se percataría, pues los demás lo interpretarían como una maniobra más de distracción. Como dicen los libros populares de astrología, para Escorpión un puro nunca podrá ser nada más un puro. Sin embargo contrario a la natural sobriedad escorpiónica, en el estilo de nuestros políticos sobran las palabras. ¿Para qué usar unos cuantos párrafos para decir algo si es posible extenderse por diecinueve cuartillas y finalmente dejarlo todo a la también paranoica interpretación de los lectores? Hay un desenfado y un despilfarro que va más allá de la necesidad de ocultamiento.

El peculiar gusto por el juego de palabras que se llama albur es una manifestación como de libro de texto de astrología de esa forma de ver el mundo de Escorpión en la que las cosas nunca son lo que parecen. En el juego paranoico del albur encontramos también un intento de reconciliación lúdica con los dos temas principales de la inescapable sospecha escorpiónica: dominio y sexualidad. El chiste y la broma son los más eficaces mecanismos de defensa para sobrellevar el mundo hostil con el que Escorpión permanentemente está sintonizado. Pero que el tema central del ingenio verbal sea, monótona y reiterativamente, siempre la cópula y las relaciones de poder y sometimiento en el acto sexual, es a fin de cuentas síntoma de otro temor más profundo. No se trata sólo de la homofobia como defensa contra una homosexualidad no admitida.[21] Que sólo exista una forma de ganar un duelo de albures delata también un ingenuo pero fútil intento por contrarrestar la impotencia, el miedo y el desamparo que la poderosa cara oscura y abismal de lo femenino infunde en una masculinidad en permanente estado larvario.

Nuevamente hay algo más que sólo el estilo y las obsesiones escorpiónicas en la profusión, el gusto por el adorno y el giro innecesario de los albures. Es innegable que hay algo ceremonial, pomposo y excesivo, que no es posible explicar sólo por el defensivo signo del ascendente.

El estilo nacional parece más bien un compendio de paradojas. Al mismo tiempo delata recelo y exceso de confianza, como si tratáramos de exhibirnos y de ocultarnos en el mismo acto. En el país la solemnidad y la incapacidad para tomarse algo en serio van permanentemente de la mano,[22] lo mismo que el conservadurismo y la exuberancia. El barroco llega a México en el siglo XVII no sólo para presidir sobre un periodo estilístico de nuestro pasado colonial, sino para integrarse como parte de nuestra identidad. En Europa el barroco implicó un esfuerzo consciente por expresarse exuberantemente. En México no hizo falta el esfuerzo, ni la conciencia. Cada piso de nuestra historia está precariamente sostenido (desde arriba, claro) por columnas salomónicas y estípites. Escorpión puede explicar el gusto barroco por el ocultamiento[23] e incluso la característica hipocresía de nuestra sociedad, pero no el despilfarro, el exceso y la fiesta como la estrategia para conseguirlo. Para entender esta dimensión del estilo nacional hay que hablar de Júpiter, el planeta que está por cruzar el horizonte a la hora de la aparición.

Según la tradición astrológica, cualquier planeta que haya quedado a punto de alzarse sobre el horizonte al Este en el instante en que algo nace colorea fuertemente la impresión que los otros recibirán de esa persona o evento. En nuestro caso, el solo signo de Escorpión en el ascendente, como hemos comentado arriba, con sus matices e implicaciones, resulta insatisfactorio para describir lo que, pomposamente y sin negar el santo de mi parroquia, he llamado el estilo nacional. Se tienen que considerar también las características del planeta que está también ahí, Júpiter.

Tradicionalmente a Júpiter se le da el título de «El Gran Benéfico».[24] Eso quiere decir que es el principio que encarna todo aquello que nos da confianza, perspectiva y sentido. Se le vincula popularmente con el optimismo y la certidumbre, no obstante, el principio básico que representa es la integración y sus consecuencias: el crecimiento y la expansión. En el caso particular que nos compete, integración no sólo significa aceptar lo que está afuera y volverlo parte de lo que uno es, también quiere decir la capacidad para advertir un patrón, encontrar unidad, sentido y dirección en los innumerables y dispersos fragmentos de experiencia que conforman nuestras vidas. Esta función de Júpiter nos remite a lo que por las buenas o por las malas estaba ocurriendo en la Nueva España a mediados del siglo XVI: enmedio del caos que deja la Conquista, las culturas nativas tuvieron que aceptar e incorporar de una forma u otra en su cosmovisión, les gustara o no, el mundo de los españoles. De la misma forma los españoles requirieron encontrar un espacio para el nuevo mundo, sus habitantes y culturas, en un universo hasta entonces medieval. Había que darle sentido a la enorme confusión, a la desolación y al terrible sufrimiento que este choque había provocado. Obviamente hubo ganadores y perdedores y los pobladores nativos murieron por decenas de miles, mas la aniquilación no fue completa.[25] Mirar a la historia patria como la historia de los fracasos y éxitos de esa integración sobre la que preside Júpiter no es una propuesta descabellada y desde luego es consistente con lo que de distintas maneras nos sugiere la imaginería astrológica.

El subtítulo de un librito monográfico sobre Júpiter escrito por el británico Alan Leo en el año de 1917 es «El Preservador». En otros textos populares encontramos que se llama a este planeta con frecuencia, «El Protector». Y con esta forma astrológica de verlo parecen estar de acuerdo algunos astrónomos, aunque ellos realmente no lo sepan. Una de las teorías más recientes sobre las posibilidades de que exista vida inteligente en otros mundos sugiere que el hecho de que la vida compleja se haya podido desarrollar en la Tierra en buena medida se debe a Júpiter. La razón es la siguiente: se trata del planeta de mayor tamaño, con mucho, del sistema solar, tan es así que por su masa a punto estuvo de convertirse en una estrella[26] y de hecho emite al espacio más energía de la que recibe del Sol.[27] La inmensa masa de Júpiter se traduce en un campo gravitatorio tan grande que le permite, por decirlo así, «ir barriendo», en los doce años que tarda en recorrer su órbita, a un número importante de los asteroides y cometas que se internan en el sistema solar. Con ello Júpiter consigue que los choques cataclísmicos con la Tierra sean mucho menos frecuentes de lo que podrían serlo si él no estuviera. Gracias a eso, contribuye de forma muy importante a que se preserven las condiciones climáticas que permiten que la vida multicelular se desarrolle en nuestro mundo. Así que al menos algunos astrónomos coinciden con los astrólogos y ven a Júpiter como un planeta preservador.

Júpiter, el gigante del sistema solar, tiene como atributos la abundancia, la fecundidad, lo grande y lo múltiple. Implica tanto la apertura a lo desconocido, como el aburrimiento y la insatisfacción con lo que ya se conoce. Nada que tenga que ver con este planeta puede ser parco, mesurado o discreto. Júpiter es el antídoto al temor, la duda y el recelo. Lo suyo es la confianza en el futuro y en la vida y con ello la despreocupación. Al mirar siempre lo que el mañana nos depara como mejor que lo que el presente nos muestra, no se establecen verdaderos compromisos y las soluciones son provisionales. Al fin y al cabo algo ocurrirá más adelante que compondrá las cosas. Júpiter frecuentemente se manifiesta como golpes de buena fortuna, pero más a menudo como la tendencia a ignorar las dificultades, incluso cuando se está enmedio de ellas. Su temperamento, el jovial, es el de la proverbial cigarra que, con sus virtudes y defectos, refleja una faceta importante de nuestra actitud ante la vida. La combinación de la exhuberancia de Júpiter con la necesidad de secreto escorpiónica es sin duda el espejo astrológico del barroco nacional. Por otro lado la confianza de Júpiter en que todo saldrá bien unida al natural conservadurismo y desconfianza hacia lo nuevo de Escorpión desafortunadamente también puede ser la imagen de la avestruz que entierra su cabeza pensando que si ella no ve las dificultades éstas se desvanecerán solas.

Es común encontrar, en los libros conocidos como «recetarios astrológicos»,[28] la descripción de Júpiter en Escorpión como una fascinación por la muerte, la vida después de la muerte y la sexualidad. También se insiste en cómo, para quienes tienen esta combinación, las creencias religiosas están siempre dominadas por fuertes pasiones. Repetidamente encontramos la palabra «devoción», pero también «intensidad», «emotividad» y «magnetismo».

Es posible que en México la fascinación por la muerte sea mayor que en otros países. Pero no me queda duda de que, al menos en el mundo occidental, la jovial y festiva relación que se tiene aquí con la muerte es parte muy importante de la forma en que se nos percibe y parece ser, al menos para los extranjeros, un aspecto distintivo de nuestra cultura. Por cierto, la palabra «jovial» no viene de «joven», sino de «Jovis», de donde se deriva primero *Jovis-Pater* (literalmente Jovis padre) y más tarde Jú-pi-ter.

Recordemos que el horóscopo sobre el que meditamos es, para comenzar, el de la aparición de la Virgen de Guadalupe y por lo tanto su ascendente tiene que describir la impresión que ésta produce. Me parece fácil entender por qué casi todos los atributos de Júpiter que revisamos arriba son más que pertinentes cuando se aplican a la imagen. Sobre todo podemos subrayar su asombrosamente eficaz apariencia protectora y la extraordinaria confianza que ven emanar de ella quienes se colocan a sí mismos bajo su tutela.

Saturno y Neptuno

De las características de la carta natal de la aparición en el Tepeyac, hubo una que me llamó la atención desde el primer momento, pero que no he mencionado hasta ahora. Se trata de la relación entre dos planetas, Saturno y Neptuno; sin duda la más estrecha y por ello la más intensa de este horóscopo. Antes de explorar cómo interactúan Saturno y Neptuno, es necesario detenernos para explicar muy brevemente qué representan por separado para los astrólogos estos dos astros. Comencemos por el planeta de los anillos.

El periodo orbital de Saturno es en promedio de 29.46 años y éste, nuestro ya conocido regente de la edad de oro, fue

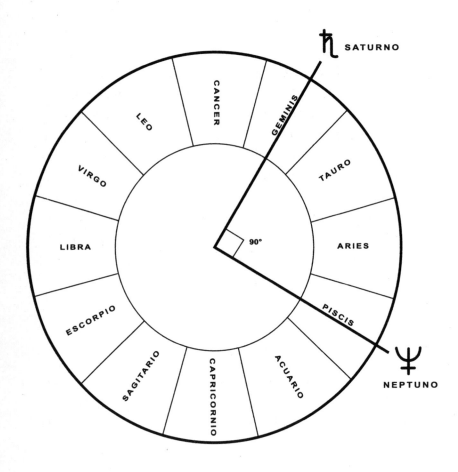

considerado hasta finales del siglo XVIII el límite externo del sistema solar. La definición más general nos dice que Saturno simboliza la continuidad y permanencia del mundo real y manifiesto. Esto es, que la realidad no tenga la plasticidad y volubilidad de un sueño es una función de Saturno, así que si al despertar nos damos cuenta de que tenemos el mismo dolor de muelas que la noche anterior nos impedía conciliar el sueño, es que estamos bajo la esfera de influencia de este planeta. Que nuestros cuerpos, a pesar de nuestros esfuerzos, no puedan escapar al paso del tiempo (Cronos) o que el ser amado que nos ha abandonado no aparezca de nuevo a nuestro lado al recobrar la sobriedad, son sus atributos. En pocas palabras, lo que los periódicos y los científicos llaman realidad es lo que los astrólogos llamamos Saturno. Que las cosas sean como son, independientemente de nuestra voluntad, está asociado a dicho planeta. Saturno, el señor de las cosechas, es nuestras lágrimas, él preside sobre la encarnación y sus límites y representa en última instancia las reglas del juego.

Neptuno fue visto e identificado como un nuevo planeta por primera vez el 23 de septiembre de 1846. Y digo identificado como un nuevo planeta porque, al parecer, el propio Galileo se topó con él más de doscientos años antes de esa fecha, pero pensó que se trataba de un cometa. Neptuno, cuyo periodo orbital es de 165 años, es un planeta que primero fue imaginado, pensado y calculado, y sólo después observado. El inglés John Couch Adams y el francés Urbain Jean Leverrier postularon por separado que se requería la presencia de un nuevo planeta para explicar ciertas peculiaridades de la órbita de Urano. Ambos calcularon correctamente (y con mucha suerte)[29] el tamaño y el lugar donde estaría el nuevo planeta. Pero al momento de ser escuchados por alguien con acceso a un telescopio, Leverrier corrió con mejor fortuna que Adams.

A este último no le prestaron atención en el observatorio de Cambridge cuando llegó con sus cálculos. El francés, en cambio, fue a Berlín en cuyo observatorio fue tomado en serio por J.G. Galle, quien apuntó su telescopio en la dirección correcta y ambos pasaron a la historia. Por cierto, Saturno, el planeta de la manifestación, estaba a menos de un grado de Neptuno en el momento en que Galle lo vio por la mirilla de su instrumento.

Tratar de entender a Neptuno no es sencillo, así que usaré aquí la explicación del astrólogo norteamericano Robert Hand en *Los Símbolos del Horóscopo* y que me parece particularmente satisfactoria. Si Saturno es la realidad, nos dice Hand, entonces Neptuno es la irrealidad; si Saturno es nuestra noción del tiempo y el espacio, entonces Neptuno está fuera del tiempo y el espacio, ya sea en un universo sin dimensiones o en uno con dimensiones infinitas. Neptuno representa tanto la verdad y la divinidad percibidas por los místicos, como las mentiras de los políticos y las alucinaciones de los psicóticos. Si Saturno nos ancla y representa este valle de lágrimas, entonces Neptuno es el paraíso o, desde una perspectiva psicoanalítica, el recuerdo de la oceánica experiencia intrauterina. Neptuno es al mismo tiempo ilusión y verdad última, iluminación y locura, lo sin límites, lo no creado y lo no encarnado. Neptuno representa la felicidad perfecta, irrealizable en el imperfecto universo material donde impera la separación presidido por Saturno.

La cuadratura

La convención en un mapa astrológico es colocar los planetas tomando sus posiciones astronómicas reales (geocéntricas), en un círculo de 360 grados. Dicha rueda está dividida en doce tramos de treinta grados cada uno. A estos segmentos, nuestros conocidos signos, corresponden características simbólicas distintivas que califican y colorean la actuación de los planetas que los ocupan. Sin embargo los signos no solamente particularizan el comportamiento de los planetas que están en ellos, también permiten ubicar a unos en relación con otros y por lo tanto determinan qué tipo de diálogo mantienen entre sí.

En la madrugada del 9 de diciembre de 1531 Saturno estaba en el signo de Géminis, a los 23 grados con 19 minutos,[30] mientras que Neptuno se encontraba en el signo de Piscis, también a los 23 grados y casi los mismos minutos. Ahora, en el círculo del Zodiaco los signos de Géminis y Piscis están separados por un ángulo recto. Así que si Saturno y Neptuno están en los mismos grados de cada uno de estos signos, entonces ambos planetas están en ese momento a noventa grados casi exactos uno del otro.[31] Lo sorprendentemente preciso de la separación angular y la lentitud del movimiento de estos planetas, que estuvieron por última vez en esa misma relación 36 años antes, vuelve, como hemos dicho, muy significativo este aspecto. En la jerga de los astrólogos, a una separación de noventa grados se le llama cuadratura y es de una gran importancia, ya que indica que los planetas involucrados han alcanzado el punto máximo de tensión y crisis en su relación. Aunque una cuadratura por lo general es un indicador de que los dos planetas se interfieren e impiden mutuamente su expresión natural, la palabra clave para describirla es *manifestación*, lo que implica que cuando encontramos este aspecto o distancia angular, algo va a ocurrir. Esto generalmente toma la forma de eventos o acontecimientos que son la manifestación de los necesarios ajustes. Se trata de una crisis de crecimiento en la que se transita de lo espontáneo a lo deliberado. El astrólogo Dane Rudhyar nos dice de la cuadratura: «es (...) un símbolo de encarnación concreta, de la forma real que toma aquello que previamente existía sólo en el nivel de la visión o Idea arquetípica».[32]

Pero si la cuadratura señala conflicto, la revisión más superficial de lo que significan Saturno y Neptuno nos deja claro que no son principios fácilmente reconciliables, aun sin los problemas agregados por la relación específica que tienen aquí. Para comenzar a entender qué pasa con la cuadratura entre Saturno y Neptuno, podemos intentar reducir a un par de frases su dinámica: la realidad y la ilusión han llegado a un punto en donde parece no haber reconciliación posible y la grieta que separa normalmente a ambas se ha convertido en abismo: ya no podemos tener un pie de un lado y el otro del otro, es necesario elegir. Las implicaciones de esto son, para lo que nos atañe, principalmente dos. Si se queda atrapado del lado de Saturno, se vive en el mundo de la literalidad, donde no hay escape imaginativo posible; donde lo que es es; donde un puro nada más es un puro y donde sólo la economía y la ciencia pueden enseñarnos algo sobre nosotros o el mundo; el arte no existe porque es una pérdida de tiempo. Por otro lado, si quedamos atrapados en el ámbito donde reina Neptuno, lo que nos espera es vivir prisioneros en nuestros propios castillos en el aire, convertir la simulación en la única forma de relacionarnos con el mundo, vivir en el autoengaño, tener una profunda incapacidad para aceptar los hechos de la vida o, mejor dicho, no saber distinguir entre realidad e ilusión. El arte tampoco existe porque nada concreto puede hacerlo.

Tener que escoger entre habitar la realidad o la ilusión, ése es el gran dilema que Saturno y Neptuno parecen comunicarnos desde la carta natal de la Virgen de Guadalupe. Aceptar lo que es o fugarnos al oceánico mundo anterior a nuestro nacimiento. El valle de lágrimas o el paraíso ¿dónde preferimos vivir? La prosaica desesperanza de Saturno o la balsámica psicosis de Neptuno.

Pero la relación entre Saturno y Neptuno tiene también una lectura positiva. El misterio de toda la creatividad reside en la tensión entre estos dos planetas: la realidad fecundada por la imaginación; la imaginación convertida en experiencia sensible. Hay una manera de mirar esta tensión, tan sorprendentemente pertinente en nuestro caso que prefiero citar literalmente para que no parezca que lo he inventado *a posteriori*: «el descenso de nuevas imágenes para la inspiración colectiva», escribió en 1980 el astrólogo francés Rudhyar de la delicada relación entre estos dos planetas.[33] En la misma dirección escribe la analista jungiana y astróloga Liz Greene en 1996: «En la combinación de Saturno y Neptuno reside uno de los conflictos más fundamentales de la vida. La forma y lo sin forma chocan, ya sea para crear *el regalo de la visión que se encarna* o el rehusarse a nacer psicológicamente (cursivas mías)».[34] En el mismo año el astrólogo inglés Charles Harvey escribió de la relación entre estos dos planetas «(la relación) Saturno-Neptuno es el proceso de materialización de lo espiritual y de espiritualización de lo material (...) Es la plegaria del Padre Nuestro que lleva a el alma del devoto a poner a lo terreno en conformidad con el Cielo».[35] No perdamos de vista que lo anterior es algo que difícilmente puede dejar de sorprendernos ya que las frases «descenso de nuevas imágenes para la inspiración colectiva», «el regalo de la visión que se encarna» y «materialización de lo espiritual» son delineaciones tomadas de libros de texto que corresponden a una configuración planetaria sorprendentemente precisa presente en el cielo la madrugada del 9 de diciembre de 1531. Una fecha que fue escogida posteriormente y de forma incuestionablemente arbitraria para situar en la historia un poderoso evento mítico fundacional.

Ahora, una cuadratura es un momento de crisis que requiere de una resolución material, sí, pero sólo es una fase de una relación entre dos planetas. Se trata, como dijimos, del instante en que algo se manifiesta.[36] Pero para saber cuál es el sentido de aquello que se manifiesta, tenemos que referirnos al comienzo de la relación misma, cuando los planetas involucrados estuvieron juntos ocupando el mismo punto en el Zodiaco. O como dicen los astrólogos, cuando formaron una conjunción al comienzo de un ciclo de 36 años.

La conjunción anterior entre Saturno y Neptuno ocurrió ocho años antes, en 1523.[37] Buscando algún evento histórico que pudiéramos vincular con la Virgen de Guadalupe en 1523, noté que justamente en ese año llegaron a México los primeros frailes franciscanos a evangelizar. Claro, ya otros religiosos habían pisado estas tierras, pues entre otros, llegaron con los primeros conquistadores fray Diego Altamirano, primo del propio Cortés, y fray Pedro de Melgarejo. Sin embargo ellos habían sido capellanes de las tropas del conquistador y, hasta donde tengo entendido, su función evangelizadora fue más bien circunstancial. Así que el vínculo entre 1523 y 1531 está ahí y es claramente de naturaleza espiritual y religiosa. Hay que mencionar que existe otro ciclo mayor entre estos dos planetas. Se trata del tiempo que tardan en volver a formar una conjunción en la misma zona del Zodiaco, lapso en el que forman en el cielo una estrella de nueve puntas[38] y dura cerca de 324 años. Entre 1846 y 1847 se cumplió este ciclo. En ese periodo ocurre un evento que deja una cicatriz definitiva en la identidad nacional. Se establece *de facto* la pérdida, frente a Estados Unidos, de la mitad del territorio, que culmina con la firma del Tratado de Guadalupe Hidalgo un año después. Se trata por cierto de un acontecimiento con el que el imaginario mexicano nunca llegará a término y que forma, perversamente, parte de nuestra identidad.

Sin duda podemos leer la evangelización como un asunto de conquista espiritual o ideológica, ya que hubo una relación de poder en un trágico contexto de vencedores y vencidos. Pero también, por qué no, podemos ver en este proceso la búsqueda de una reconciliación o el intento consciente aunque ingenuo de injertar una rama de la cultura católica española en el muñón con raíces, aún vivas, del mundo mesoamericano. Desde ese punto de vista, lo que esta empresa requería en el contexto de la tremenda devastación y genocidio de las culturas y naciones mesoamericanas en los primeros lustros después de la Conquista, era «el descenso de una nueva imagen para la inspiración colectiva» que representara la esperanza en esta reconciliación. Finalmente eso que «encarnaría» dicha reconciliación sería «una visión» que tomó forma a través del pincel del inspirado creador de mandalas, Marcos Cípac de Aquino (con la ayuda posterior de Juan de Arrue Calzonzin), y a la que se le asignó una fecha mítica, no histórica, intuida por el extraordinario mitógrafo Antonio Valeriano, según los historiadores guadalupanos, o por Lasso de la Vega y Miguel Sánchez, de acuerdo con los que no lo son.

Frente al abismo entre realidad e ilusión representado por la cuadratura de Saturno y Neptuno, hacía falta un puente. Y cualquier puente en este contexto tiene que ser siempre un acto de creación. Los creadores materiales, por su lado, son sólo los vehículos a través de los que se expresó «algo» que es más bien de naturaleza colectiva. De ahí su efectividad y su fuerza. La Virgen de Guadalupe expresa la posibilidad de ese puente. Su imagen es efectivamente un mandala y una mandorla, metáforas gráficas de la integración.[39] Su figura es una puerta, un túnel y a la vez el puente que une dos reinos, es el acto que posibilita la reconciliación, que expresa la encrucijada. No hay manera de que la pura revisión de los hechos sociales y económicos en la historia de la Virgen de Guadalupe y su culto expliquen adecuadamente su extraordinaria popularidad y poder.

La etimología de «paraíso», concepto comúnmente asociado a Neptuno, es jardín encerrado. En este sentido paraísos terrenales, al menos desde la Colonia, han abundado enmedio de nuestras ciudades. Podemos entrever o imaginar los maravillosos jardines amurallados mientras caminamos por las inhóspitas y peligrosas calles de cualquier ciudad del país, llenas de basura, olor a diesel mal quemado, borrachos y mendigos, esencia destilada de Saturno. Todos hemos pasado frente a una reja de herrería colonial y silueta almendrada, tras la cual un estrecho pasillo permite ver cómo se insinúa, al fondo, uno de estos magníficos jardines. Esa experiencia tiene mucho de arquetípica; por un lado estamos nosotros, los que hemos sido paridos, exiliados sin remedio al mundo real; del otro, el uterino Edén inalcanzable con todos sus bálsamos. Pero hay un punto de contacto, un lugar en que la realidad y la gloria coinciden. Al territorio delimitado por dos círculos que se intersectan, el interior de la mandorla, se le conoce como «resto», o espacio liminal. Corresponde al lugar donde se está cuando se ha dejado una habitación pero todavía no se entra a la otra: un umbral, un pasaje, es ahí y sólo ahí donde toda transformación puede ocurrir. El zaguán es también la Virgen de Guadalupe.

Símbolos sabianos[1]

«La reja al jardín del deseo»,[2] es lo que leo cuando busco la imagen que el astrólogo Marc Edmund Jones y la vidente Elsie Wheeler atribuyeron en 1925, sentados en una banca de un parque en San Diego, al grado vigésimo segundo de Aries. Se trata del lugar en que está situado Marte en la carta que nos ocupa. Marte es el planeta que preside sobre Escorpión, el signo del ascendente, y sus características contribuyen a describir la apariencia de aquél o aquello a lo que pertenezca este horóscopo. Difícilmente podríamos pensar en una imagen más pertinente.

Ya que toco el juego de 360 imágenes conocido entre los astrólogos como grados o símbolos sabianos, vale la pena mencionar aquí, por falta de un lugar mejor, aquéllas que corresponden a otros de los puntos significativos de este horóscopo. Por ejemplo, el grado trece de Escorpión, donde está el ascendente mismo, nos presenta a «Un inventor inventando». Tal imagen sugiere que tras la construcción humana del mito guadalupano hubo una intención consciente, una especie de ingeniería de los símbolos religiosos buscando un efecto social. Por otro lado, «La visión de un escultor va tomando forma» es lo que encontramos en el grado veintisiete de Sagitario, donde está el Sol de nuestro horóscopo. Dicha imagen nos recuerda de inmediato «el regalo de la visión que se encarna» del que habla Liz Greene, pero al incluir a «un escultor» también implica un proceso creativo intencional. Se trata ahora de la incontrolable inspiración creadora del artista, lo que matiza, rebasa y ayuda a entender el éxito de la pretensión funcional del inventor, volviendo a la vez más compleja y paradójica la génesis guadalupana, al menos desde la mirada de la astrología. Sorprende encontrar: «Como un querubín, un alma humana susurra buscando manifestación» en el grado catorce de Leo, el que corresponde al meridiano, el punto del Zodiaco más elevado en el cielo a la hora de la aparición. Dicha imagen de inmediato nos remite de nuevo a las citas de Rudhyar, Greene y Harvey sobre la relación de Saturno y Neptuno y apunta a un proceso probablemente más misterioso aún que el de la creatividad artística, pero al fin y al cabo plenamente humano. Podemos imaginar a Marcos Cipac, Valeriano (o Miguel Sánchez) escuchando «eso» que se les susurra al oído para luego darle forma. Podemos ir más lejos y hacer una lectura iconográfica a partir de esta imagen; mirar entonces al querubín,[3] que aparece al pie de la pintura, como esa alma humana susurrante de cuya cabeza surge, como Zeus pariendo a Atenea, la virgen resplandeciente, mientras que sus brazos extendidos, cual Atlas cargando al mundo, sostienen el peso de su *Mater*-ialidad. La figura de la virgen se vuelve así el cuerpo de la nación mexicana con una doble naturaleza: por un lado la ingravidez de un sueño (Neptuno), por el otro el peso de un territorio y las circunstancias (Saturno). El conjunto de estas imágenes nos dice que en el mito y la figura guadalupana se plasman necesidades de naturaleza triple: racional, emocional y espiritual. También nos dice que en su construcción no sólo hubo un propósito consciente, sino que además es la manifestación de aspiraciones humanas que rebasan cualquier intención individual.

Antes de abandonar a Saturno y Neptuno y pasar nuestra atención a otra cosa, no puedo dejar de mencionar que desde finales del siglo XIX algunos astrólogos habían supuesto que la relación entre Saturno y Neptuno marcaba el ritmo del desarrollo de las ideas e ideales socialistas. Sin embargo esta intuición no fue realmente desarrollada o cotejada contra los eventos históricos por varias décadas. Fue hasta los años treinta del siglo XX que el entonces joven astrólogo francés André Barbault encontró una correlación histórica muy precisa entre el ciclo de 36 años que establecen Saturno y Neptuno, y el socialismo real. Su descubrimiento le permitió predecir con muchos años de antelación los cambios de rumbo en varios de los regímenes que se definieron a sí mismos como socialistas. Podemos pensar en Neptuno como colectividad y en Saturno como materialidad, y a su ciclo como la manifestación de los ideales comunitarios. Es interesante notar que el año del descubrimiento de Neptuno, y mientras estaba en conjunción con Saturno, en 1846, Marx y Engels escribieron *El Manifiesto del Partido Comunista*.[4] Debido a lo estrecho de la relación entre estos dos astros en el horóscopo de 1531 y a la gran cantidad de contactos que tienen con otros planetas, es necesario subrayar lo poderoso que van a resonar siempre en el inconsciente nacional las imágenes afiliadas a las aspiraciones comunitarias y sociales, pero también la propensión a que estén en un perpetuo conflicto con las condiciones materiales (como la economía) del país. En cierta forma la identidad mexicana «nace» como una forma de crisis en la posible manifestación de esta clase de ideales: la perpetua colisión de lo que se quiere y lo que se puede.

Otro centauro y la cola de un dragón

Lo que implica ese estrecho contacto entre Saturno y Neptuno no se puede aislar de la más amplia red planetaria a la cual pertenecen sin dejar fuera otros elementos tremendamente importantes. Ambos planetas están no sólo en diálogo entre sí, sino también con otros participantes significativos de este horóscopo, principalmente el Sol, del que hablaremos al final. Por ahora iré incluyendo y describiendo a los nuevos protagonistas, uno a la vez, para tratar de evitar confusión. Intentaré poco a poco ampliar la trama para que podamos vislumbrar el tapiz completo.

Neptuno tiene en este horóscopo a su lado compañía, junto a él está Quirón, el primero en ser descubierto, hace veinticinco años, de una nueva clase de cuerpos celestes bautizados ahora como «centauros». Con ellos está también el Nodo Sur de la Luna, conocido como «la cola del dragón» y temido por los antiguos porque señala una de las dos zonas del cielo donde pueden ocurrir los eclipses.

El primero de noviembre de 1977 en el observatorio Hale de Pasadena, California, el astrónomo Charles Kowal identificó un nuevo cuerpo celeste. Al principio fue difícil de clasificar ya que era demasiado grande para ser considerado un asteroide, pero demasiado pequeño para ser un planeta. En un principio el asunto quedó en «planetoide»; posteriormente, al establecerse su composición química, fue visto como un tipo de cometa, para finalmente asignarse a una nueva clase de cuerpos celestes, los centauros. Para comienzos de 2004 el número de miembros de esta categoría era ya de más de treinta. Todos ellos tienen una constitución similar a la de los cometas, o incluso a la de Plutón, lo cual los emparenta tanto astronómica como simbólicamente. Se trata de cuerpos de polvo y gas congelado, principalmente metano, y su origen es el cinturón de Kuiper,[5] en la periferia del sistema solar. La zona donde residen los centauros es la poco habitada región ocupada por los grandes gigantes de gas: Júpiter, Saturno, Urano y Neptuno.

En particular Quirón tiene una trayectoria de cerca de cincuenta años que lo lleva del interior de la órbita de Saturno al borde de la de Urano.

Quirón estuvo de moda entre los astrólogos de mediados de los años ochenta y mediados de los noventa. En ese entonces se publicaron varios libros que hablaban de las bondades y maravillas de este planeta que servía, se nos dice, de «puente» entre distintos niveles de conciencia (*whatever it means*). Poco a poco el apegarse a la figura mitológica y a la observación nos fueron dibujando una imagen mucho menos azucarada y más ambigua de sus implicaciones simbólicas. La historia del centauro Quirón es en realidad un relato triste que no tiene precisamente un final feliz.

Quirón, según una de las versiones mas populares del mito, era hijo de la ninfa Filira y de Saturno. Fue concebido tras una persecución (ahora se le llama violación) mientras ambos tenían forma equina, por lo que nació mitad humano y mitad caballo. Su madre se horrorizó al darse cuenta de su aspecto y lo abandonó para ser convertida después, piadosamente, en árbol.[6] La criatura fue recogida por Apolo, quien lo crió y educó. Él a su vez se volvió mentor de varios héroes míticos, como Aquiles, Esculapio, Hércules y Jasón. Quirón fue herido accidentalmente por Hércules con una flecha remojada en el poderoso veneno que era la sangre de la hidra, pero al ser de origen divino, no podía morir. Desgraciadamente nunca encontró la manera de recuperarse de su dolorosa lesión. Vivió una larga vida, pero llena de sufrimiento. Finalmente ofreció su alma divina a cambio de la libertad de Prometeo, con lo que pudo morir y escapar de forma definitiva a su dolor. Tras su muerte fue inmortalizado por Zeus en la constelación del Centauro. De cierta forma este centauro sí representa un puente, ya que vincula, dolorosamente, en un solo ser, naturaleza y conciencia.

Quirón es herido en una rodilla, un pie o un anca, dependiendo de quién nos cuente la historia, pero siempre en la parte animal. No hace falta dar un salto simbólico demasiado grande para asociar a la herida en una extremidad con la propia encarnación en este mundo. Paralelamente y poniéndonos solemnes, podemos decir que sólo hay verdaderamente un veneno para el cual no hay antídoto: la vida misma. No el gozo y los placeres del lado luminoso de la existencia, sino la inevitable sombra de la encarnación en el mundo material: los sinsabores, las tragedias y las injusticias. Estar vivo duele y mientras más sensible seamos, duele más.

El Quirón astrológico refleja varios aspectos de su contraparte mitológica. éstos parecen ser los paralelismos principales: Mito: el no ser aceptado por la madre. Planeta: está vinculado a la sensación de rechazo y abandono. Mito: el accidente de Hércules. Planeta: el lugar que ocupa en un horóscopo nos indica dónde sentimos haber sido injusta y terriblemente lastimados. Mito: la función de guía y tutor. Planeta: su manifestación implica una constante búsqueda del por qué de la arbitrariedad y, por lo tanto, tarde o temprano tiene mucho que compartir y enseñar.

El ser envenenado injustamente por la vida muy probablemente resume el significado de Quirón. Cómo actuamos en respuesta a esta ponzoña es lo que puede cambiar de caso a caso. La reacción más común es buscar retribución y querer diseminar el veneno que nos tocó entre quienes nos rodean. Hacerlos saber lo que se siente. Los tocados por Quirón tienen que sobreponerse a la tentación de una visión del mundo terriblemente negativa, que los puede volver no sólo cínicos y amargos, sino incluso peligrosos. Pero si en una misteriosa decisión, enmedio de la noche interna, se prefiere apostar por aquello en lo que sólo es posible creer en lugar de dejarse vencer por el dolor, entonces estaremos frente a quienes, habiendo vivido la cruel arbitrariedad de la existencia en carne propia, convierten sus biografías en una búsqueda sin fin de los ladrillos para construir un sentido a la vida a la medida de los hombres. Para ello tendrán que leer bibliotecas, darle la vuelta al mundo o mejor aún, contemplar con atención y simpatía lo que ocurre frente a la ventana. Al final nunca se dará con la respuesta buscada, pero habrá muchos otros hallazgos valiosos que compartir. La generosidad y la compasión no son el antídoto contra los agravios de la encarnación, porque frente a esto no hay remedio, pero son el único tratamiento que calma sus efectos. De ahí que a Quirón se le llame el curador herido. Sin embargo no nos engañemos, por cada manifestación en el mundo del principio de Quirón que tiende la mano, hay varias que se vengan y envenenan.

Regresemos ahora a nuestro horóscopo y reconozcamos nuestra paradoja: Neptuno, el paraíso anterior a la separación, atado a Quirón, el dolor y la injusticia de estar vivos. Tenemos entonces al dolor como escape, al sufrimiento como salvación. La primera impresión que me viene a la cabeza cuando los veo juntos es que ese injusto acto fundador, llaga a sufrir de por vida, o simplemente expulsión del paraíso, toma en este caso proporciones míticas. ¿Pero de qué paraíso nos han arrojado? Basta hacer un recorrido por los murales de Palacio Nacional, o mirar los cromos de los calendarios de la primera mitad del siglo XX al estilo *La leyenda de los volcanes,* o cualquiera del ilustrador Jesús Helguera o sus seguidores. La herida-expulsión es obviamente la Conquista, pero cuidado, este nuevo centauro implica algo distinto del otro, el que conocimos en Sagitario.[7] Quirón, con su halo de héroe romántico, encarna al maestro y al curandero, simboliza también la sabiduría pre-tecnológica y pre-racional del chamán. Quirón sabe qué hierbas curan no porque experimente con ellas, sino porque él mismo es la manifestación consciente de plantas y animales. Frente a él, criatura anterior a la dualidad cuerpo-mente, éstos no tienen secretos. Desde el punto de vista cientista,[8] lo que representa este centauro, aunque esté anclado más que a la ciencia al mundo material, es sencillamente un remanente de superstición, un disparate. Un puente queda roto al entregar Quirón su alma a cambio de la libertad de Prometeo; él sí, héroe civilizatorio, maestro de la técnica y encarnación del principio que separa y eleva a los hombres por encima de la naturaleza.

El contacto Quirón-Neptuno, en su obvia colisión de significados, es tremendamente rico en posibilidades interpretativas. Por ahora comenzaremos diciendo arbitrariamente que nos describe dos cosas: la insidiosa y cursi visión del pasado prehispánico como vergel, hoy devastado, cuyos felices habitantes eran poseedores de conocimientos extraordinarios ya olvidados, que además vivían en armonía con la naturaleza. De nuevo, la edad de oro sobre la que preside Saturno, la cual por cierto, en su versión mediterránea, algunos ilustradores renacentistas imaginaron poblada de centauros. Simultáneamente la relación Quirón-Neptuno nos sugiere cómo el doloroso parto, la ya sobada Conquista, se vive como un terrible acto de injusticia y destierro que gravita desde entonces sobre nuestras cabezas como nube negra, ideología y rezago histórico. Recordemos a Freud: no hay paraíso sin expulsión. Lo significativo aquí no es que la llegada misma a este mundo sea vista como una desgracia inmerecida, pues al fin y al cabo todos somos siempre víctimas de algo irremediable, sino la persistente y morbosamente autocomplaciente falta de voluntad para sobreponerse al trauma del nacimiento. Tal pareciera que todos somos Cuauhtémoc y como sociedad seguimos sin poder caminar por las quemaduras que dejaron en nuestros pies las torturas de Cortés.[9]

A esta dificultad para dedicarse a cambiar el presente y responsabilizarse del futuro y la insistencia en seguir escarbando la llaga de los agravios, buscando todavía un responsable a quién culpar de nuestros males, contribuye la presencia, al lado de Neptuno y Quirón, de la «cola del dragón».

Los nodos de la Luna no son planetas, sino los puntos donde la órbita de la Luna cruza la órbita de la Tierra en su trayecto alrededor del Sol. A la pregunta de por qué no toda Luna nueva es un eclipse de Sol, tenemos que responder: porque la órbita de la Luna alrededor de la Tierra está ligeramente inclinada en relación con la de ésta alrededor del Sol. La inclinación es pequeña, únicamente cinco grados cuatro minutos, pero suficiente para que las alineaciones entre el Sol, la Luna y la Tierra, que dan lugar a la Luna nueva, no formen un eje perfecto más que en uno de cada seis casos. El cono de la sombra lunar que se desprende mensualmente en nuestra dirección, por lo tanto, se proyecta casi siempre al espacio, arriba o debajo de donde está la Tierra. Al no alcanzarnos la sombra, no tenemos eclipse. Pero hay dos puntos donde la órbita de la Luna cruza la de la Tierra y cuando una Luna nueva ocurre cerca de uno de estos lugares, el Sol, la Luna y la Tierra forman una línea recta perfecta, la sombra nos alcanza y se produce un eclipse de Sol. Pues bien, esos puntos donde las órbitas se cruzan y es posible que ocurran los eclipses son los nodos de la Luna. El nombre latín de estos puntos es *Caput* y *Cauda Draconis*, cabeza y cola del dragón ¿De qué dragón? Del dragón o serpiente monstruosa que ya vimos que simboliza a la Madre Terrible. El mounstro Pitón que persigue a Leto, madre de Apolo y Artemisa. En ciertos lugares del cielo, señalados por los nodos, su poder es tan grande que puede, aunque sea temporalmente, vencer al Sol en pleno día.[10]

Examinemos más de cerca el simbolismo astrológico de los nodos lunares. Recordemos que el nuestro es el mundo de la dualidad y por ello lo masculino y lo femenino están escindidos. La ilustración astrológica de esto es que el Sol y la Luna no son uno, sino dos. Los nodos son el camino a esta separación y, a la vez, la posibilidad de trascenderla. Los antiguos veían en el Nodo Sur el portal por el cual las almas llegan a esta realidad, donde la noche es distinta del día. El Nodo Norte es el pasaje que permite participar de nuevo en lo Uno. El Nodo Sur, que es el que en este momento nos interesa, nos hace ver la vida en términos de dualidad y de separación; por ello nos sentimos incompletos, deseamos[11] y perpetuamos la ignorancia. El Nodo Norte, por otro lado, debe ser entendido como aquello que nos muestra que es posible ya estar ahí, encontrar la integridad y por lo tanto silenciar el deseo. El Nodo Sur expresa cualidades lunares, sobre todo la sensación de contención y familiaridad. El Nodo Norte manifiesta características solares, lo que implica principalmente esfuerzo, conciencia y autonomía.

Por su intensidad, que no por su propósito, el Nodo Sur es una manifestación de la Madre Terrible, no de la Madre Buena. Nos hace sentir seguros, nos conforta, nos evita el esfuerzo y con ello nos enfrenta a la tentación de no abandonarlo. Nos seduce y confunde, promete una plenitud que es imposible encontrar en él. Es la casa de bizcocho del cuento de Haensel y Gretel. No hay maldad alguna en él pues es nuestro refugio y punto de partida, pero es difícil escapar a su fuerza gravitacional, que nos hace caer en un círculo vicioso. Nos hace adictos con facilidad pues mientras más recurrimos a él, mayor es la sensación de que algo nos falta y más insistiremos en encontrar satisfacción ahí mismo, regresando con ello al punto de partida. Volvemos a insistir y nos desorientamos. A esto se debe que las percepciones y actitudes afiliadas al Nodo Sur serán a lo que regresaremos una y otra vez de manera inconsciente y repetitiva cuando tratamos de salir adelante. Al buscar en el

Nodo Sur algo más que refugio, al creer que encontrarnos en él el sosiego que requerimos, caemos en nuestra propia trampa, confundiendo lo que nos hace sentir separados con aquello que nos permitiría alcanzar la unidad. Enmedio de ese ofuscamiento, como dije, el punto de partida es tomado por la meta. La lógica circular en la que nos hace caer lleva a la indulgencia, al abuso, al exceso y aleja irremediablemente de una plenitud que requiere verdadero esfuerzo.

La dependencia en la tecnología moderna (y en general en el consumo de mercancías) es un buen ejemplo del círculo vicioso del Nodo Sur: Cuando un artefacto *hi tech* llega a nuestras manos, por definición ya está obsoleto y frente a nosotros tendremos algo mejor y más deseable. Al final, la tecnología no nos facilita la vida, sino que nosotros se la facilitamos a ella. Ya no compramos programas para nuestro beneficio, sino para que la máquina siga funcionando. Tecnología de punta e insatisfacción son prácticamente sinónimos. Adquirir lo último no resuelve nunca el problema, al contrario, lo agrava. La alta tecnología nos promete libertad y nos esclaviza. Nos ofrece apoyo para alcanzar nuestros objetivos y nos conduce en la dirección opuesta, ya que ella misma se transforma en la única meta. De todas las máscaras de la Madre Terrible, la alta tecnología es la más inverosímil: mientras más nos ayuda, más nos devora y siempre con nuestra complicidad. Sin embargo no podemos, cual luditas, escabullirnos a un pasado no dominado por la tecnología. Usarla con medida es posible, pero nunca hay que olvidar que ella tiene su propia agenda y, aunque no tiene conciencia propia, no la requiere, pues parasita la nuestra.

La conjunción Quirón-Neptuno ocupa justamente esa zona de reincidencia, automatismo, desorientación y finalmente insatisfacción a la que hace referencia el Nodo Sur de la Luna. Por cierto, el símbolo sabiano[12] que corresponde al grado donde están tanto el Nodo Sur como Quirón, el vigésimo octavo de Piscis, describe con precisión el lugar en el que nos hemos estancado: «Un jardín fértil bajo la luz de la Luna».[13] El estancamiento se manifiesta como una fascinación hipnótica y paralizante por la destrucción del vergel en que vivían las civilizaciones prehispánicas a manos de los bárbaros europeos, algo que el propio Quirón ya nos había sugerido. No queremos ver el zaguán cerrado frente a nosotros. Aferrados a la reja, sentimos que no dejar escapar un pasado idealizado es lo único que nos conduce al futuro. La única salida es contemplar con fijeza esa injusticia histórica que separa lo que creemos que fuimos de lo que somos. Se trata de un círculo vicioso de autoconmiseración donde se confunde permanentemente el problema con la solución. Las grandes edificaciones del pasado, las pirámides, los murales de Palacio Nacional, Pemex, el IMSS son monumentos de los que debemos sentirnos orgullosos y preservar, pero no son nuestro futuro.

La resistencia a nacer psicológicamente, de la que habla Liz Greene, se manifiesta aquí como una tendencia difícil de resistir a culpar de todos nuestros males pasados, presentes y futuros a las circunstancias de nuestro nacimiento y a lo que la historia malamente nos ha dado y que nunca terminamos de aceptar. Propensión, también, a irse a uno de los dos polos, ambos igualmente patológicos: mostrar a la primera provocación la susceptibilidad extrema y lloriqueante de una princesa capaz de sentir un chícharo debajo de veinte colchones, o a aceptar con impotencia y abnegación el ser víctima de todos los abusos humanos y las desgracias divinas. Enmedio de esto la responsabilidad se vuelve desde luego una mala palabra.

Simultáneamente, la conjunción misma, pero sobre todo el que esté situada en Piscis, el quinto signo a partir del ascendente, correspondiente a la capacidad para entregarnos con los brazos abiertos a la vida, nos delinea claramente una sensibilidad extraordinaria y sin duda peculiar, que requiere manifestarse compulsivamente como una creatividad que recuerda al Campari: amarga, dulce y colorida. Esta conjunción es otro de los rostros femeninos de nuestra identidad y de nuevo una mujer concreta: Frida Kahlo. Su vida, o más bien el mito alrededor de ella, puede ser el mapa de nuestro pasado. En cualquiera de sus autorretratos hay más historia nacional que en todos los murales de su marido juntos. En ella tenemos todo: la injusta e incurable herida, la dificultad para lidiar con la realidad, la autoindulgencia, la creatividad, la fiesta. Quien dibujó las portadas de los libros de texto gratuito de hace unas décadas se equivocó de modelo, Frida debió empuñar en ellos nuestra bandera. Su obra es nuestra paradoja: festiva y dolorosa, entrañable y exasperante, exhibicionista y confesional, demandante y resignada, en extremo individual y expresión colectiva de la sensibilidad nacional. Si Frida Kahlo fuera música irremediablemente sería el lamento impostado del mariachi. Siempre, tarde o temprano, todo termina en música de mariachi y no hicimos más que caminar en círculos hasta regresar al mismo lugar. Maldito accidente de tranvía, maldita Conquista.

Pero todo símbolo se expresa simultáneamente como los dos extremos de un eje, así que el agrupamiento de Neptuno y Quirón con el Nodo Sur tiene por lo menos otra lectura. Veámoslo ahora no como herida, sino como su contraparte, el bálsamo. Visto así, es posible encontrar en este conjunto planetario un aspecto más familiar de su original y compasivo rostro: la piedad infinita (Neptuno), por el sufrimiento y la injusticia (Quirón) a la que siempre recurrimos (Nodo Sur). Sin duda es factible reconocer en esta combinación de símbolos a la medicina con la que en este país se busca remediar todos los males: el populismo. Pero sumergirnos en esas aguas de piedad y misericordia para escapar a las terribles circunstancias de nuestra existencia no es sólo bálsamo, es también narcótico. Cuando se trata de dolor, aquello que lo alivia es casi siempre un veneno. Unas cuantas gotas hacen olvidar la llaga, con unas pocas más nuestros miembros se tullen, perdemos la conciencia o morimos. Estamos frente a la toxina paralizante de la compasión y la espera del portento, del resignarnos hasta que algo externo y más grande que nosotros se encargue de resolver nuestra situación. Al no aceptar que ya no somos menores de edad, exigimos histéricamente que se nos dé lo que creemos que nos toca: la espeluznante implicación del escudo del Instituto Mexicano del Seguro Social. Para el Estado, la madre de los mil senos hace tiempo secos, educar no puede ser una prioridad, porque facilita la independencia. Lo que merecemos es mejor, nunca ser destetados y que algo benigno y poderoso nos alimente y resuelva los problemas por nosotros. A eso estamos acostumbrados, por eso los únicos libros que se venden en este país son los mal llamados de autoayuda, que no enseñan a responsabilizarse de la situación, sino a encontrar la solución mágica.

Pero la promesa nunca se cumple, ya no estamos en el vientre materno y el mundo es cruel e injusto. Al no aceptar que estamos afuera y sin embargo sentir los efectos de estarlo, se produce una peculiar esquizofrenia. Permanentemente el piso nos traga, el cielo se nos cae y al mismo tiempo jamás nada podrá pasarnos. Me viene a la cabeza la tragedia de 1984 en San Juan Ixhuatepec y la insistencia de gran parte de los sobrevivientes en no ser reubicados y continuar viviendo bajo la sombra de depósitos con miles de metros cúbicos de materiales inflamables. Una parte importante del repertorio para mariachi e incluso de cantantes cercanos a la tradición popular, incluso los políticamente correctos, reflejan esta peculiar relación con el mundo. Aunque realmente no hace falta más que mirar a nuestro alrededor para percatarnos de cómo vivimos bajo el hechizo del *todo está ya perdido y al fin y al cabo nada puede pasarnos*, que me parece puede ser el himno de la combinación de Neptuno, Quirón y el Nodo Sur en Piscis. La manera en que las casuchas se apilan al filo de las barrancas, o en los cauces secos de corrientes de temporal, se debe sin duda a la extrema pobreza de sus habitantes, pero no puede uno dejar de pensar que hay algo de inevitabilidad arquetípica en todo esto, de profecía que se cumple a sí misma. Es imposible no mirar lo que ocurre como si el resultado final, la catástrofe que todos sabemos que va a ocurrir, hubiera ya tenido lugar antes de que existieran las viviendas. Tragedia y triunfo como sinónimos perversos. Lo que queda permanentemente fuera de esta ecuación es la responsabilidad y esta palabra es definitivamente un atributo de Saturno.

Hablamos antes de la complicada relación que tienen Neptuno y Saturno en esta carta. De la dificultad que implica estar condenado a navegar entre los acantilados de la depresión y las olas de la psicosis, pero también de sus extraordinarias posibilidades creativas. La cinta *El Mago de Oz* ilustra este dilema perfectamente: los primeros veinte minutos en blanco y negro en un Kansas azotado por injusticias y tornados corresponden a Saturno. El país de Oz en todo su technicolor, hadas, extrañas criaturas y números musicales corresponde a Neptuno. La película nos ofrece la única posible solución, una paradoja. Entender y aceptar que la magia no existe y que sin embargo nos es imprescindible para poder vivir. Viene a cuento la ya gastada frase de Paul Eluard: «Hay otros mundos, pero están en éste». Saturno y Neptuno: la Virgen de Guadalupe. Sin embargo el basalto de Saturno no sólo está siendo permanentemente erosionado por las marejadas de Neptuno, intenta resistir también el embate de algo que parece haber salido de una animación japonesa: el centauro Quirón a horcajadas sobre la cola del dragón. La combinación de símbolos es en extremo compleja y problemática, pero al mismo tiempo muy rica en posibilidades creativas, siempre y cuando se resista la tentación inmensa de la autoconmiseración. Veamos por qué:

Ningún nudo planetario, por complicado o problemático que pueda parecer indica que algo no tenga remedio. El tamaño de la dificultad siempre va a ser proporcional al potencial constructivo que simultáneamente promete. Al revisar mis archivos encuentro que una gran cantidad de hombres y mujeres extraordinarios presenta en sus horóscopos esta misma combinación de factores.[14] Tienen algo en común, no se trata de seres desamparados que salieron adelante nada más gracias a su fe en que un milagro los sacaría adelante, sino de personas con una seguridad interior que se fue forjando poco a poco, tanto en la búsqueda de una salida de los pantanos y laberintos interiores, como en la lucha frente a circunstancias exteriores excepcionalmente hostiles. Su fortaleza proviene del responsabilizarse de su situación, tanto objetiva como subjetiva, y construir muy despacio, aparentemente de la nada, una voluntad a toda prueba. Es verdad que siempre hay algo o alguien afuera a quien se puede culpar de la situación, tanto anímica como material; y esos culpables también en su momento fueron víctimas. Y así al menos hasta Caín y Abel o, mejor aún, Adán y Eva. Pero de nuevo no se trata de apuntar el dedo y esperar justicia, la única opción es dejar de buscar culpables y reconocer en manos de quién está ahora la responsabilidad y el poder para cambiar las cosas. Esa conciencia forja individuos con una reciedumbre y seguridad en sí mismos mayor y más sólida que el común de los mortales. Esto se debe sencillamente a que sus logros no resultaron un regalo de las circunstancias o de la genética, sino que fueron construidos a pulso por ellos, reconociendo que la realidad no es lo que está afuera ni lo que está adentro, sino parafraseando a Kant el diálogo entre ambos: el secreto guardado celosamente tras la relación entre Saturno y Neptuno.

Si la astrología tiene algo que enseñarnos, el párrafo anterior describe la virtud central que tienen en común los más valiosos hombres y mujeres del país. No perdamos de vista que la gente que verdaderamente hace la diferencia no sale en los periódicos, ni en la televisión; la fama y la visibilidad, cada vez más en nuestros días, son insustanciales. De los que hablo no son una minoría pequeña, aunque sin duda lidiar exitosamente con el nudo de símbolos del que estamos hablando no es tarea fácil. Sin embargo cada vez vemos menos entre nosotros a esos individuos extraordinarios. No sé si esté en las estrellas o en dónde, pero parece que el destino invariablemente los lleva a arriesgar la vida cruzando el río Bravo.

La elección a la que ellos y nosotros nos enfrentamos es: desamparo estéril o autosuficiencia creativa; la prisión de la resignación o la responsabilidad como liberación. Éste es quizás el difícil regalo de esta importante dimensión que hemos estado explorando de la Virgen de Guadalupe.

Hemos concentrado nuestra atención en Saturno y Neptuno, en Quirón y la cola del dragón, todos como parte de un largo jeroglífico constelacional a ser descifrado y, sin embargo, la sintaxis astrológica nos obliga a reconocer que esta larga oración todavía carece de sujeto. Necesariamente tenemos que integrar a los otros dos planetas que forman parte de este complejo para no dejar la frase a medio escribir. Estamos hablando del Sol y de Venus. Uno al lado del otro en el signo de Sagitario, ambos se oponen a Saturno, ubicado al otro lado del Zodiaco, en Géminis. Al mismo tiempo están estableciendo con

Neptuno, Quirón y el Nodo Sur de la Luna, el mismo tipo de relación comprometida, la cuadratura, que guarda con ellos el planeta de los anillos. Así que la configuración completa cierra un circuito conformado de la siguiente manera: Neptuno, Quirón y la cola del dragón en Piscis al centro; del lado izquierdo, en Sagitario, Venus, el Sol y la Luna; a la derecha, Saturno. Al Sol por sí solo ya nos hemos aproximado de alguna manera cuando comenzamos este análisis hablando de los hombres mexicanos. Pero a Venus sólo la hemos mencionado superficialmente cuando rectificábamos el horóscopo y tiene un papel central para entenderlo, ya que no sólo forma parte de esta configuración, sino como dijimos al comienzo la madrugada del 9 de diciembre de 1531 era viernes,[15] de los días de la semana el asignado a dicho planeta. Era también la hora de Venus.

La semana astrológica

Iniciemos un nuevo de nuestros ya innumerables rodeos y expliquemos de dónde viene el vínculo planetario de los días de la semana. El intervalo que daría lugar a la semana surge probablemente antes de que se inventara la agricultura y corresponde al número de días que separaban dos encuentros de los habitantes de una región que se reunían para socializar, intercambiar productos, información y realizar ceremonias religiosas. Estas mismas siguen siendo hasta la fecha las funciones que cumplen los días de mercado en las zonas rurales en todo el mundo.

Todas las culturas alrededor del planeta han tenido algún tipo de semana, pero no todas han sido de siete días. Muchos pueblos de África preferían un intervalo de 4 días, en Mongolia se usaba uno de 5, mientras que los egipcios favorecían la semana de diez días, por citar nada más tres ejemplos. Parece ser que fue en Babilonia donde se buscó hacer coincidir por primera vez los días de reunión comunitaria con las fases de la Luna y, con ello, alinearlos con la forma más antigua de calendario, que es justamente el lunar. De ahí que se estableciera una semana de siete días (29 entre 4). Esta cifra a la vez coincide con el número de los principales dioses del panteón babilónico, los cuales corresponden a cada uno de los planetas conocidos entonces. Se asignó originalmente, como parte de la función litúrgica del calendario, cada día de la semana a un dios planetario. La disposición fue la siguiente:

1. Domingo-Sol
2. Lunes-Luna
3. Martes-Marte
4. Miércoles-Mercurio
5. Jueves-Júpiter
6. Viernes-Venus
7. Sábado-Saturno

Éste es un orden en apariencia arbitrario, que parece no corresponder, por lo menos de forma directa, a la manera en que se enumeraban los planetas en aquel entonces y que es como sigue:

1. Saturno
2. Júpiter
3. Marte
4. Sol
5. Venus
6. Mercurio
7. Luna

Este orden, llamado ahora por los astrólogos «caldeo», se basa en la velocidad media de los planetas, del más lento, Saturno, al más rápido, la Luna, y era el de uso más común en la Antigüedad. La aparentemente extraña disposición de los planetas en la semana se debe a que los días toman su nombre del astro que preside sobre la primera hora de cada jornada. El día tenía para los babilónicos, como para nosotros,[16] 24 horas. Si dividimos a las 24 horas del día entre los siete planetas, sabremos que a cada astro le corresponden tres horas y faltan tres horas más para completar el día. Éstas tienen que ser asignadas a otros tantos planetas continuando ininterrumpidamente la misma secuencia, por lo que se inicia una cuarta vuelta comenzando con el planeta que sigue, en la hora 22. Así que el nuevo día, la hora 25, se inicia con el cuarto planeta de nuestra lista. Si vemos el orden caldeo y comenzamos a contar a partir del Sol, saltándonos cada vez tres planetas, descubriremos la disposición que guardan en la semana. Así que en realidad el orden planetario de los días deriva originalmente de las horas planetarias. En la actualidad no son muchos los astrólogos que utilizan en su trabajo las horas y días planetarios, pues estrictamente hablando se trata de una asignación, antigua sí, pero sin una verdadera correlación astronómica. Por mi parte creo que la astrología es más adivinación que ciencia, así que me parece que las aparentes arbitrariedades en el sistema lo vuelven más interesante y significativo. Visto así, los días y horas planetarios pueden ser considerados astrología legítima. Al planeta que gobierna el día hay que verlo como un atributo del Sol, por lo que contribuye a establecer la identidad, mientras que el que rige la hora califica al ascendente, por lo que ayuda a describir la forma.

Una anotación importante: los días planetarios comienzan al amanecer, no a la media noche. Si uno nace de madrugada, el planeta que preside todavía esa jornada será el del día anterior; es el caso de la Virgen de Guadalupe. Revisando un calendario del año 1531 vemos que el 9 de diciembre fue sábado (Saturno), pero al haber ocurrido la aparición antes del amanecer, el día todavía corresponde a Venus. De hecho, la hora que determinamos como adecuada para levantar la carta natal de la virgen es la vigésima segunda del viernes, que corresponde justamente a Venus. Así que como mencionamos en la rectificación, la aparición es presidida doblemente por Venus, ya que tiene lugar el día y a la hora de ese planeta.

Venus[17]

La genealogía de Venus-Afrodita es basta y contradictoria, lo mismo que el sinnúmero de intervenciones, protagónicas y de reparto, que tiene en la mitología clásica. Es un símbolo de gran riqueza y complejidad al cual llevaría demasiado tiempo hacer justicia, por lo que nos limitaremos a hablar de una sola de sus advocaciones, la de Venus Urania.[18] Muchos otros de sus rostros indudablemente también son pertinentes, pero para no enredar las cosas más de lo que ya lo he hecho, tendrán que esperar otra ocasión.

Para nosotros, que observamos desde la Tierra, Venus está siempre en las cercanías del Sol. Lo anuncia o lo despide, cuando no queda oculto tras su luminosidad. Venus no puede separarse a una distancia mayor de 48 grados del Sol; ello significa que, cuando más, va a salir o a ponerse tres horas antes o después de que lo haga el astro rey, de acuerdo con la latitud de la Ciudad de México. En zonas más alejadas del ecuador puede permanecer en el cielo mucho más tiempo.[19] Venus tiene fases, como la Luna, y su resplandor, muy variable, sigue un ciclo de 584 días. En sus mejores momentos puede ser el más brillante de todos los planetas, llega incluso a verse de día en circunstancias extraordinarias. No es extraño entonces que en todas las mitologías Venus haya tenido un lugar preponderante. La cultura griega toma a una diosa fenicia llamada Astarté y la convierte en Afrodita. A su vez, Astarté tiene un antiguo linaje, ya que viene de la Ishtar babilónica y la Innana sumeria. El lugar de culto por excelencia de Astarté, y luego de Afrodita, era Chipre. La famosa imagen de Boticcelli nos la presenta justamente a su llegada a una de las playas de esa isla.

De las narraciones griegas de su nacimiento, la más popular nos dice que Urano, dios de los cielos, del mundo platónico de las ideas previas a la manifestación material, rechaza asqueado la insoportable imperfección de sus hijos encarnados, los doce titanes que fueron engendrados por Gaia, la Tierra. Ésta, harta de que su progenie fuera invariablemente enviada al Tártaro,[20] oculta a uno, Saturno, para que permanezca a su lado. Lo arma con una hoz y lo esconde tras las cortinas de su habitación hasta que llega Urano con intenciones que llevarían a la concepción de una nueva criatura. Pero antes su hijo salta sobre él, lo castra y lo somete (¿o era al revés: lo somete y lo castra?). Arroja después los genitales cercenados de su padre al mar y de la espuma que producen toma forma Afrodita.[21]

El mito nos sugiere que, aunque irresoluble, la confrontación entre el mundo ideal y el material no es estéril. Venus no es nada más hija de las oceánicas aguas primigenias y el Urano celeste, pues sólo la violenta intervención de Cronos posibilita su nacimiento. Así que lo que parece decirnos la historia es que la experiencia de la belleza —Venus— es en última instancia el percibir cómo lo ideal y lo arquetípico encuentran expresión en nuestro inherentemente imperfecto y limitado mundo material. No hay belleza sin manifestación. Desde este punto de vista Venus es la reconciliación entre Cielo y Tierra, entre materia e idea. Afrodita preside explícitamente sobre esa momentánea reconciliación de lo masculino con lo femenino que es el sexo. Esta diosa personifica la misteriosa e irresistible fuerza que hace que los opuestos se atraigan. La mandorla, uno de sus emblemas, representa ese instante en que, al coincidir en el espacio dos universos distintos, se fecundan mutuamente.

Al comienzo de nuestra exploración ya habíamos hecho referencia a que la silueta almendrada de la virgen la emparentaba iconográficamente con la diosa clásica. La tradición astrológica nos dice que aquello cuya primera manifestación ocurre a la hora de un planeta va a delatar en su forma los atributos del mismo. Una de las características centrales de Venus es que es agraciada y atractiva. Los perfumes y las flores,[22] en particular las rosas, son su emblema, así que nuestra elucubración es incluso consistente con ese elemento de la narración de la aparición y con la iconografía. La pintura de la virgen dista de ser una obra perfecta; si la miramos con detenimiento no es difícil reconocer cierta torpeza en muchos elementos de diseño y factura, sin embargo es innegable su atractivo. Éste es percibido sin necesidad de introducción alguna por gente que no sólo no es católica ni tiene relación con México,[23] sino que ni siquiera sabe nada de ella. Desde una perspectiva simbólica, sólo una imagen con un vínculo muy estrecho a Venus puede tener una popularidad tan extraordinaria.

En tanto al rostro de Venus Urania y dejando a un lado las implicaciones de su aspecto escorpiónico, lo cual no es excluyente, podemos decir que es difícil resistir a la mandorla guadalupana porque ella es el resquicio a través del cual podemos reconocer aquí en la tierra, sin levantar los ojos, el brillo arquetípico de las estrellas: ¿El interior del útero materno?

Mirar a Venus como el principio que reconcilia los opuestos nos vuelve a conectar con la antiscia o relación simétrica en la que están el Sol y la Luna y que comentamos páginas atrás. Algo así como la intersección del cielo europeo y la tierra mesoamericana de la que ya hablamos. Al mismo tiempo podemos verla como quien puede encarnar la comunión, si es que esto es posible, entre Saturno y Neptuno. De acuerdo con la tradición, aquello que nace entre el amanecer del viernes y el del sábado —los límites del día astrológico— encontrará su identidad aquí en la Tierra buscando reconciliar opuestos. Creo que no hace falta recordar en qué día de la semana tuvo lugar nuestra aparición.

Es interesante notar un paralelismo: en el México prehispánico, el planeta Venus, por lo menos en una parte de su ciclo, estaba asociado a Quetzalcóatl. Este dios, en su forma de serpiente emplumada, ilustra claramente la implicación de Afrodita Urania, ya que expresa gráficamente la unión entre lo que está arriba, el ave, y lo que está abajo, la víbora. Parafraseando el título del libro de J. Lafaye, ambos, Quetzalcóatl y Guadalupe,[24] son manifestaciones del principio que los astrólogos llamamos Venus.

La importancia del lucero de la mañana no nada más deriva de que a él corresponden el día y la hora del evento; además, en este horóscopo el planeta mismo está involucrado en una serie de relaciones que por su número se vuelven difíciles de analizar y exponer con claridad discursiva y linealmente. De varios de los componentes ya hemos hablado por separado. Por un lado se le opone Saturno y ambos, cada uno desde un extremo distinto, están en conflicto —la famosa cuadratura— con Neptuno, Quirón y la cola del dragón. En este punto el número de símbolos que habría que, cual malabarista, tener en el aire es excesivo. El riesgo de terminar con todos ellos en el piso, o peor aún, golpeándonos la cabeza, es demasiado grande. Así que intentaremos otra estrategia, la síntesis. Hay claramente una imagen que por sí sola encarna este conflicto interplanetario: nuestro escudo nacional, el águila y la serpiente.

Al contrastar, como pequeño homenaje al querido Gutierre Tibón, los dos grandes estandartes del país resulta inquietante notar que aunque uno de ellos, el que corresponde a nuestra cultura, apunta enfáticamente a una reconciliación; el otro, el que preside oficialmente sobre el Estado mexicano, conlleva el significado opuesto: el águila matando a la serpiente.[25] Espíritu y materia en inútil y perpetua enemistad. Quetzalcóatl desmembrado, negación de Guadalupe. Si dejamos de santiguarnos frente a los estandartes de la religión estatal, veremos claramente que el emblema patrio es un símbolo ominoso de desintegración y, sobre todo, de esterilidad. La confrontación representada en la insignia nacional: (San Jorge y el dragón, Cortés y Cuauhtémoc) no sólo es un recordatorio continuo de agravios históricos, de los cuales la conquista es únicamente el primero de muchos. Señala la imposibilidad de hacer las paces con nuestro pasado y nuestros orígenes, asuntos sobre los que ya nos hemos extendido cuando hablamos de Quirón y de Neptuno. Este emblema también establece la desigualdad social —los de arriba contra de los de abajo— como una barrera de carácter arquetípico y no sólo producto de las circunstancias históricas.

Ya hemos tocado el simbolismo de la serpiente como asociado a Escorpión. Vimos su cercanía a las primigenias diosas de la fertilidad de la tierra, a la renovación cíclica de la vida y al cuerpo y su ciega biología. Joseph Campbell decía con frecuencia que la culebra representa al propio intestino: el espejo de nuestros apetitos y necesidades como algo que cobra autonomía e irremediablemente se revela frente a la voluntad. Reconocer que también debemos de honrar al recipiente que contiene la llama de la conciencia es aceptar el rostro femenino de la divinidad: la encarnación. La serpiente es el más poderoso, significativo y vital de sus animales tutelares;[26] por ello es la pantalla más adecuada para proyectar el temor uraniano que nos provocan nuestros propios apetitos corporales.

Entre todas las criaturas, el águila[27] tiene la afinidad más estrecha y directa con el intangible cielo, el enrarecido mundo de la conciencia que se quiere ver a sí misma como independiente del mundo material. El águila representa la fuerza del espíritu que desciende para imponerse sobre las criaturas pertenecientes a la Tierra, como lo atestigua su papel frente a Prometeo, el titán encadenado. Es a la vez la legitimidad y certidumbre que otorga el poder mirar de cerca y tocar el mundo perfecto de los cielos, del cual este de abajo es sólo una muy defectuosa copia.

Arriba, entre las águilas, están todos los que no tienen por qué preocuparse por el sustento material. Principalmente los que están en alguna posición de poder, los gobernantes, los líderes morales y espirituales, los intelectuales, los científicos, los artistas y los expertos, quienes tienen maestrías y doctorados. Por sobre ellos, sólo el mundo de las ideas y el sentido del cual se sienten partícipes. Abajo, sin poder separar el vientre del piso, están todos los que tienen que preocuparse por asuntos tan poco trascendentes como conseguir alimento. Los que jamás comerán espárragos y cuyo máximo anhelo genético es tener una hija «morena-clara» para que aspire a ser elegida por un director de personal para trabajar en una sucursal de la colonia del Valle.

Hace algunos años la nieta universitaria de un muy respetado exgobernador priísta manifestó a su abuelo su interés por ver una película de Pedro Infante; a lo cual él respondió: «—Hijita, eso sólo es para sirvientas». El águila y las serpientes; lo naco como el inquietante espejo de nuestra propia vulgaridad. Sólo es naco aquello que toca dentro de nosotros una fibra que no queremos aceptar como propia. Si no nos reconocemos en alguien o algo, no puede ser naco. Como poderoso símbolo venusino de reconciliación en una sociedad que se odia tanto a sí misma que nadie puede sentarse a comer al lado de quien cuida a sus hijos, la Virgen de Guadalupe es lo único naco con lo que todos nos podemos identificar.

En otro lado había mencionado el vínculo que hay entre el escudo nacional y uno de los mitos centrales de Occidente, el del Santo Grial. Simplificando al extremo las cosas podemos ver en este mito la escisión entre el receptáculo material de la conciencia, la naturaleza, nuestra naturaleza, representada por el cáliz; y el espíritu estéril, castrado e incapaz de fertilizar al mundo, el ya inservible rey pescador. En este horóscopo tenemos a Urano, quien no quiere hijos y es castrado, claro principio de esterilidad, en contacto —nuestra ya conocida antiscia— con Saturno, su verdugo, el cual a su vez se opone al Sol: la imagen del monarca. Pero eso no es todo, el Sol participa, como vimos, en una relación de tensión con Quirón, que la astróloga sudafricana Melanie Reinhart describe simplemente como «una herida en el principio masculino»;[28] ¿será en la ingle, como eufemísticamente nos dice la historia del Grial? La constelación que forman estos cuatro planetas masculinos claramente traza la silueta de un rey castrado.

Pero podemos llevar más lejos el paralelismo, ya que el Sol a su vez tiene a los costados, a poca distancia y simétricamente, a Venus y a la Luna, los dos símbolos receptivos y de fertilidad por excelencia. Es importante aquí señalar una consideración central en la astrología en relación con el Sol, cuyo calor calcina y cuya gran luminosidad impide ver y con ello dificulta la expresión[29] de cualquier astro que esté a poca distancia de él[30] No se ven, no tenemos manera de saber que están ahí y actúan fuera del control de la propia conciencia solar. Venus y la Luna calcinados, una muy buena analogía para representar a la tierra yerma en la historia del Grial. Si revisamos el símbolo sabiano correspondiente a la Luna, dice: «Un grupo entrando a una canoa». El que toca a Venus expresa: «Inmigrantes entrando a un nuevo país». Ambas imágenes, siguiendo el hilo conductor de nuestra interpretación, hacen referencia a la gente que habita este país, todos los que estamos en el mismo barco, pues. El astro rey no está fecundando, sino al ignorar, está esterilizando. Incluso el poderoso arquetipo materno mexicano requiere de un principio masculino suficientemente sano para manifestar su fertilidad. Qué mejor ilustración de un monarca castrado que cualquier presidente de México después de su tercer año de mandato. Desde mi punto de vista, el águila y la serpiente que decidimos escoger como emblema tienen la misma implicación. Incluso hay que señalar que mochar el águila es, como alegoría, a la vez terriblemente desafortunado y sumamente revelador: inmovilidad completa.

Una de las posibles lecturas de la historia del Grial la vuelve metáfora premonitoria del avasallador efecto de desertificación que ha tenido la cultura occidental y no sólo sobre la naturaleza; la globalización de las expectativas materiales y la uniformización de las sensibilidades es de hecho una desertificación interior. En este mito, el principio masculino es incapaz de realizar aquello que lo define como tal. La función de la conciencia es fecundar el caos que es el mundo para convertirlo en un cosmos habitable para los hombres, pero no puede lograrlo debido, paradójicamente, a que es incapaz de reconocer que ella no existe independientemente de la materia. Lo que escribió sobre esto Ivan Ilich a comienzos de los setenta no sólo fue profético, sigue siendo la explicación más lúcida del problema.

En la variante nacional podemos sospechar que esta inconciencia es a la vez una guerra. A pesar de que en el siglo XX el Estado mexicano se vio a sí mismo como emanado del pueblo vía la Revolución, en realidad los caudillos fundadores y los sexenales legitimaron sus acciones sólo hacia arriba, frente al uraniano México ideal que su visión mesiánica les permitía contemplar. No hay nada que nos sugiera que esto pueda cambiar sólo con el ritual profiláctico de la democracia y la alternancia partidaria. En el ensimismamiento de las águilas, el imperfecto y ¿por qué no decirlo? naco pueblo de México es inconscientemente exiliado al Tártaro, suplantado por una construcción idealizada sin referente alguno con la realidad.[31] Lo que define al águila es su capacidad para ser consciente, pero en su certeza y narcisismo eso es exactamente lo que no está consiguiendo. Cada intento de redención desde arriba, siempre en la forma de una nueva promesa, es un acto más de inconciencia, de ira disfrazada de mano extendida, otro puñado más de sal a la tierra que alimenta la terrible ponzoña de las expectativas. Picotazo contra la serpiente interior que son las propias entrañas. Harakiri inconsciente donde no se reconoce lo evidente: todos somos nacos.

A la vez, el importante contacto de Neptuno con el Sol[32] es un indicador tradicional de que el gobernante es visto por todos, incluso por él mismo, como un salvador. Cualquiera que aspire a gobernar el país padece en mayor o menor medida de psicosis. Quien crea que entiende qué es lo que el país necesita y crea que él puede conseguirlo sufre una forma de locura donde la identificación con un Mesías es un componente central. Nadie quiere que quien se siente en la silla sea un simple mortal. Todos, él y nosotros, esperamos que quien ocupe ese puesto se convierta en una figura todopoderosa que nos rescate de nuestras miserias. Pero la identidad secreta de todo salvador es la de víctima, por lo que tarde o temprano quien esté arriba tiene que ser sacrificado; y su cabeza, o su máscara, será blandida por la multitud. Sólo su sangre puede calmar la desilusión de unas expectativas desmesuradas que nosotros mismos participamos en crear.

Los de abajo no son pasivos ni indiferentes. Su respuesta transita permanentemente de la desilusión a la desconfianza, siempre coloreada por el resentimiento. Una consecuencia de ello es la existencia entre los sectores menos afortunados de una difundida y vital cultura de la marginalidad. Ésta florece entre los que no son protegidos por las alas del águila del IMSS. Aquéllos para los que los impuestos, las licencias, los permisos y su lógica e inevitable manifestación material, la corrupción, son una advertencia clara y directa: no intenten levantar el pecho del piso, ése es el lugar que les corresponde. La única respuesta adecuada frente a esta forma perversa de ayuda es volverse invisible, estar al margen, desobedecer y, en una réplica más extrema y tóxica: delinquir; la fórmula perfecta pues cumple simultáneamente con dos necesidades imprescindibles, ganarse el pan y vengarse.

La vida difícil y las carencias materiales no causan por sí mismas la delincuencia. Está de moda desde hace algunos años usar una palabra para intentar reducir no reduciendo la causa de fenómenos como este: multifactorial. Sin embargo, si nos empeñamos en buscar lo más parecido a un ingrediente activo a este mal, sería no la pobreza, sino una desigualdad construida a base de promesas nunca cumplidas. Ése es el verdadero veneno que inocula la serpiente en nuestro cuerpo social. Al defenderse del águila, la víbora, cual uróboro disfuncional, se muerde su propia cola, ya que tampoco ella se percata de que las dos criaturas son en realidad una: Quetzalcóatl; o mejor aún, Guadalupe. Que nos quede claro, lo que hemos plantado enmedio de la bandera hace que la desigualdad y la polarización sean nuestras divisas. Lo que cantamos como nuestra plegaria estatal tampoco es precisamente una invitación a la cooperación, la reconciliación o la concordia. Nos repiten en la escuela que nuestro himno es el segundo más bonito del mundo, tan convencidos como que al pulque le falta un grado para ser carne. Es un escándalo que nuestros hijos tengan que recitar todos los lunes por la mañana esos educativos delirios xenófobos. Claro que el himno surgió en un momento histórico preciso, justamente por eso hace tiempo que debía de estar en un museo.

Desde hace años me he preguntado dónde están los intentos de comprender la cultura de la marginalidad. Para mí es un misterio si existen, como creo que debiera, psicólogos sociales que estudian a los narcotraficantes encerrados en las cárceles, a sus familias y a las comunidades de donde surgen. También me pregunto por qué no sabemos de los sociólogos y antropólogos que debieran estar haciendo trabajo de campo en los barrios en los que viven quienes se dedican al ambulantaje, la piratería y otras formas más violentas de ilegalidad. ¿O es que tienen miedo de laborar en Iztapalapa, la Doctores o Tepito? ¿Cuántos científicos sociales están en las nóminas de las instituciones encargadas de combatir la delincuencia, pero no como administradores, sino aplicando lo que aprendieron en la escuela? Hay algunos, estoy seguro, pero también tengo suficientes sospechas de que son alarmantemente pocos. Una visita a las principales librerías de textos académicos y universitarios me hace pensar que no ha habido interés por editar este tipo de estudios recientemente. Me quedo con la impresión de que los especialistas en control de plagas se toman mucho más en serio el conocer los rituales de apareamiento de las sabandijas que combaten, para luchar con ellas más eficientemente, que los encargados de combatir la delincuencia en nuestra sociedad. Cuando se revisan los pocos volúmenes que hay sobre el tema, queda la impresión de que la criminalidad es sólo un asunto de biografía o cuando más de genética, explicaciones que a la luz de lo que nos rodea son por lo menos insuficientes. Es obvio que hay una cultura de resistencia, de marginalidad, producto de la desigualdad, cada vez más generalizada que se milita y se lleva con orgullo. La manifestación extrema de esto es la delincuencia. Prometer acabar con los criminales y no percatarse de que incluso esa promesa, como cualquier otra, alimenta más la matriz de donde surgen, no revela un problema de inteligencia o capacidad, sino una manera de ver las cosas que no sólo no lleva a ninguna mejora, sino que conduce en que estén como están. Todos cómodamente apuntamos el dedo acusador simultáneamente para arriba, al gobierno; y para abajo, a quienes viven en la marginalidad, sin percatarnos del abismo intermedio.

Es un sesgo profesional de mi parte pensar, cuando me encuentro ante el abandono de un asunto que afecta de forma tan significativa los intereses evidentes de alguien, que el problema no puede explicarse satisfactoriamente sólo por falta de atención, ausencia de recursos, negligencia o circunstancias poco afortunadas. Hay siempre un elemento inconsciente, arquetípico, que gravita con una fuerza difícil de resistir en esos casos. Algo que al manifestarse puede parecer un hechizo autoimpuesto del que no se puede escapar. Maldición y fatalidad que a la luz de la astrología son sólo la manifestación inconsciente y patológica de un complejo de símbolos que simultáneamente nos revela un potencial extraordinario. El rostro de Medusa nos paraliza y sin embargo nos seguimos negando a usar, como Perseo, el escudo de Atenea para enfrentar con éxito al monstruo. El instrumento que conduce a la victoria es a fin de cuentas un simple espejo, pues de lo que se trata es de no verla directamente; algo que nosotros, las estatuas de piedra, insistimos en hacer. Una imagen reflejada permite el triunfo, que es la reconciliación. Recordemos el emblema que adorna el patio principal de Palacio Nacional, Pegaso. El hijo que Medusa lleva en las entrañas, símbolo de integración liberado por Perseo al reconocer ante el espejo que su imagen y la de la Gorgona son la misma.

Tengo la convicción de que la astrología es uno de los instrumentos más adecuados para identificar un problema de esta naturaleza y establecer cuál es su sentido. Me parece que en el trato que da el Estado a los márgenes internos de nuestra sociedad nos enfrentamos precisamente a eso: a la imposibilidad de cruzar un abismo construido por nuestra propia imaginación colectiva. Ese precipicio, con sus peñascos y mar enfurecido al fondo, que es una de las imágenes con que me quedo del vasto espectro que puede invocar la conjunción de Neptuno, Quirón y la cola del dragón, es la lista de agravios históricos que tratamos perversamente como nuestra posesión más valiosa: la Conquista, la pérdida de una gran parte del territorio frente a los estadounidenses, la Intervención Francesa, la muerte a traición de Zapata y un largo inventario de ofensas, unas mayores, otras menores, pero todas vividas como manifestaciones de la misma injusticia primordial. Cada una, una nueva muerte de Eurídice que vuelve a quedar atrapada en el Hades por nuestra incapacidad para mantener la mirada al frente. Orfeos reincidentes, sucumbimos una y otra vez a la tentación de volver los ojos y advertir cómo, de nuevo, aquello que representa nuestra felicidad queda fuera de nuestro alcance.

Muy al comienzo de esta exposición señalé que Rodrigo Martínez nos dice que cien años antes de la aparición de la virgen,
Nezahualcóyotl había entrado a Tenochtitlán por el Tepeyac
llevando en su escudo un emblema de Cihuacóatl.[33] Dije también que el lapso de un siglo no equivale a ningún ciclo astronómico simple; sin embargo corresponde con precisión con un
múltiplo del periodo planetario al que se ha dado más importancia a lo largo de la historia de la astrología. Se trata del ciclo sinódico de Júpiter y Saturno. «Sínodo» quiere decir simplemente
reunión; y un retorno sinódico es el tiempo que tardan dos planetas en ir de una conjunción a otra. El intervalo entre una Luna
nueva y la siguiente, por ejemplo, es un mes sinódico. En el caso
de los planetas que nos ocupan hablamos de un lapso de casi
exactamente veinte años. La mitología codifica esa relación;
Júpiter, hijo de Saturno, se esconde de éste los diez años que
dura la fase creciente del ciclo, que es el tiempo que le toma el
prepararse para enfrentarlo, luego comienza una lucha que
durará los diez años de la etapa decreciente, hasta alcanzar la victoria. La obra de Homero también divide este ciclo en fase
creciente: los diez años de la guerra de Troya; y la fase decreciente: el regreso a casa de Odiseo.[34] Para muchos de los más
connotados astrólogos de la actualidad el ciclo entre estos dos
planetas es el más importante de todo el sistema astrológico. A él
se atribuye la regulación del pulso de los cambios políticos, económicos y sociales en el mundo.[35] Ya en el siglo IX de nuestra
era, el astrólogo árabe Abu Ma' shar había identificado el intervalo de ochocientos años, que es lo que tardan las conjunciones de
estos llamados Cronocratores en recorrer los doce signos, como
el que marca los cambios fundamentales de cada civilización.[36]

William Butler Yeats escribió alguna vez:

Si Júpiter y Saturno se encuentran,
¡Qué cosecha del trigo de las momias!

A lo que se refiere aquí Yeats es al dios egipcio Osiris, que era representado antes de su resurrección como un cadáver momificado del que germina trigo. La astróloga Liz Greene[37] nos recuerda en una de sus conferencias sobre Júpiter y Saturno, donde cita estos versos, que la imagen del trigo que nace de la momia representa el efímero estado entre la muerte de algo viejo y el nacimiento de lo nuevo. Esto es consistente con la noción clásica que supone que las conjunciones de estos astros presagiaban la muerte de un rey, el interregno y la coronación subsecuente de uno nuevo. En términos modernos, un cambio de régimen, lo cual es literalmente lo que ocurre entre Cronos y Zeus en el mito. Lo antiguo muere para dar paso a lo nuevo, la materia (Saturno), de nuevo imbuida de propósito (Júpiter). Lo que Platón llamó la eternidad desplegándose, la danza continua en los cielos de estos planetas, para Carl Jung expresa la relación dialéctica y siempre cambiante entre el *Puer* (el joven) y el *Senex* (el viejo). Lo potencial y lo manifiesto, lo que puede ser y lo que es. Aunque de una perspectiva distinta se trata de un tema que ya tocamos en el capítulo sobre Sagitario y Capricornio, signos regidos por Júpiter y Saturno, respectivamente.

Ahora, en nuestro horóscopo los Cronocratores no se encuentran en conjunción; están, como ya vimos, a 144 grados de distancia. La conjunción previa ocurrió siete años antes, en enero de 1524. En esas fechas Júpiter, Saturno y Neptuno estaban juntos formando un grupo compacto. Este triple agrupamiento, que se repite cada 179 o 180 años y que casi nunca ocurre con tanta exactitud como en el siglo XVI, se asocia a la renovación de los ideales políticos y a la aparición de las nuevas imágenes utópicas que animarán el cambio social. La importancia de esta con-

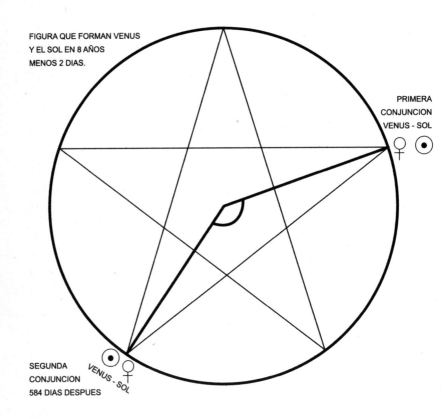

FIGURA QUE FORMAN VENUS
Y EL SOL EN 8 AÑOS
MENOS 2 DIAS.

PRIMERA
CONJUNCION
VENUS - SOL

SEGUNDA
CONJUNCION
584 DIAS DESPUES

VENUS - SOL

junción, la anterior a la aparición y que es la misma de la que hablamos cuando vimos a Saturno y a Neptuno, está en que para entender «lo que se está desplegando» el 9 de diciembre de 1531, en la relación entre estos dos astros, hay que remitirse al momento fundacional: cuando estuvieron juntos por última vez. Desde este punto de vista podemos mirar al comienzo del esfuerzo sistemático de la evangelización, y no a la derrota de la nación mexica, como el verdadero el final del reinado de la matriz cultural de la antigua Mesoamérica y de la cosmogonía que la legitimaba. El interregno duraría ocho años, con el nacimiento de «eso» nuevo a finales de 1531; el trigo germinado sobre el cuerpo momificado de Osiris.

Ocho años después de la conjunción, en la fecha que hemos estado explorando, Júpiter se había separado ya 144 grados de Saturno. Esta distancia angular no era vista como significativa por los astrólogos en la Antigüedad. Fue hasta Kepler y su interés por las doctrinas pitagóricas que dicho aspecto, con el peculiar nombre de «biquintil», comenzó a ser considerado por los astrólogos. John Addey, uno de los más importantes estudiosos de la astrología de Kepler, dice que representa «el poder de la mente para imponerse sobre la materia».[38] El astrólogo Bill Tierney, por su parte, en el libro *Dynamics of Aspect Analysis*,[39] habla del «alma creativa alineándose con la Voluntad del Cosmos». David Hamblin en su libro *Harmonic Charts*[40] dice que este aspecto está asociado con aquello que no existe en la naturaleza, con el artificio, con «la construcción deliberada de vínculos o relaciones». Finalmente recordemos que los observadores del cielo de todas las culturas de la Antigüedad sabían que cada 584 días, o 144 grados más adelante, Venus y el Sol se juntan y que cinco de estos encuentros, ocho años menos dos días después, completan en el cielo una estrella perfecta de cinco puntas. Es por ello que el número cinco y en particular la división del círculo entre ese número (72 y 144 grados) estaba asociada al lucero de la mañana. Pensemos, por ejemplo, en la manzana, que es uno de los emblemas de la atracción al menos desde Adán y Eva: si partimos dicho fruto de forma perpendicular a su eje nos deja ver en su interior una estrella de cinco puntas.[41]

Por otro lado quienes ven cualidades en los números y no nada más cantidades dicen que el número cinco expresa uno de los atributos más peculiarmente humanos: la dualidad creación-destrucción. Cuando la mente se impone sobre la materia, como nos dice Addey, algo nuevo toma forma, se expresa; pero al hacerlo necesariamente altera y en última instancia destruye aquello que previamente estaba ahí. Si queremos fabricar una silla, tenemos que cortar el árbol. Podemos identificarnos con un lado de la moneda y engañarnos pretendiendo que el otro no existe y que la creatividad es ciento por ciento positiva; sin embargo la dualidad creación-destrucción es inescapablemente humana. Dicho proceso se alínea naturalmente con el aspecto generativo de Venus, pero a la vez nos enfrenta con la cara oscura y no siempre reconocible del mismo planeta, algo que explica con claridad el esquema de Neumann, como vimos antes.

En el contexto del horóscopo que analizamos, lo que explica Addey puede entenderse como el momento en que algo de carácter arquetípico («el poder de la mente») es ahora una intención humana consciente que busca expresarse como una nueva forma material y sustituir, convirtiendo en ruinas, lo que antes estaba ahí. Las piedras de los antiguos templos siendo ahora reagrupadas en iglesias, transformando con ello el agonizante caos pagano en un naciente cosmos cristiano. Hay, como menciona Hamblin, una innegable voluntad humana creadora y consciente, y no nada más un reagrupamiento orgánico espontáneo. Para unos el mundo se termina; para otros se ponen los cimientos de uno nuevo. La visión o el diseño de donde surgirá la nueva nación (y una nueva cultura) empieza a tener una forma concreta y para nosotros la imagen de la virgen representa su piedra angular. Dejando fuera el inmenso sufrimiento que trajo la Conquista, ¿fue realmente mejor el mundo que se acabó que el que nació entonces? ¿Es posible responder a esto sin dejarse llevar por el incalculable valor sentimental de lo ido? ¿Tiene respuesta una pregunta de esta naturaleza?

«El alma creativa» de la que nos habla el astrólogo Tierney recuerda de inmediato al «alma humana como querubín que susurra buscando manifestación», que encontramos en uno de los símbolos sabianos que hemos explorado. El astrólogo Dane Rudhyar sugiere una idea que apunta en la misma dirección cuando escribe sobre la división entre cinco del círculo: «(la visión) para fecundar la sustancia de la sociedad».[42] Podemos caer en la tentación de pensar que lo que se manifestó materialmente entonces fue literalmente la presencia sobrenatural de la Virgen de Guadalupe, pero eso no es posible, al menos no literalmente, como lo describe la leyenda. Conocemos la historia; entonces no había Virgen de Guadalupe alguna en el Tepeyac y pasaron varios lustros antes de que fuera pintada y su historia contada. No, la rueda del tiempo dio un giro y, como tantas veces antes y tantas después, un mundo fue destruido. En el mismo acto empezó a manifestarse la intención creadora de los nuevos protagonistas: *Hacerse Su voluntad aquí en la Tierra como en el Cielo*. Comienza a brotar aquello que sólo ocho años antes era la semilla de una utopía entonces todavía sin forma concreta. Los fangos de la Conquista apenas empezaban a asentarse a finales de 1531 y de lo que en un principio fue sólo caos, depredación, intereses materiales y sueños surge, como la silueta radiante que mana de la cabeza de un querubín, la imagen de una nueva nación.

El horóscopo del
México independiente

Al ponerse el Sol la tarde del 28 de septiembre de 1821, se firmó en la Ciudad de México el Acta de Independencia del Imperio Mexicano. Es posible levantar a partir de ese dato un nuevo horóscopo fundacional, el del Estado nacional mexicano. Pero aclaremos un error que con frecuencia se comete, confundiéndose lo de afuera con lo de adentro. Esta nueva entidad, el Estado mexicano independiente, es sólo un caparazón, aunque claro, con la función vital de proteger a nuestra verdadera patria, a la que, para evitar complicaciones, describiré en dos palabras: el maíz.

Hay que recordar que las naciones no son eternas y que los elementos que las definen no siempre son los mismos. Una nación generalmente tiene una larga vida durante la que va madurando y cambiando. Por ello tendrá cada cierto tiempo que renovar, o de plano sustituir, a esa estructura rígida que la protege de lo externo y le confiere estabilidad interna a la que denominamos Estado. Sé que no soy catedrático de la Universidad de Turín y que lo que acabo de decir es una gran simplificación. En descargo diré que el único propósito de esta que llamaré la metáfora de la jaiba es establecer la diferencia entre el horóscopo de la Virgen de Guadalupe y el del México independiente. En 1821 se produjo un cambio del caparazón nacional. El que surgió entonces, con algunos remiendos y cicatrices, es el mismo que continuamos llevando hasta la fecha.

En *Vicios y Prejuicios de la Astrología* (Plaza y Janés, 2003) expliqué cómo ha visto la astrología los horóscopos de los países y por qué prefiero la firma del Acta de Independencia sobre otros eventos que también pueden simbolizar nuestra separación de España. Hay que puntualizar que, a diferencia del de la Virgen de Guadalupe, para este nuevo horóscopo no es apropiada una interpretación principalmente psicológica; se trata antes que nada de una entidad política y hay que describirla como tal.

El horóscopo de la Independencia que favorezco tiene que ser levantado para el 28 de septiembre de 1821, a las 6.23 pm, hora del meridiano de la Ciudad de México y de acuerdo con las coordenadas de ésta. No vamos a revisarlo con profundidad, ya que ése no es el tema de este libro; sin embargo la nueva carta natal tiene una relación estrecha con la de la Virgen de Guadalupe y por lo tanto algunos comentarios sobre ella resultan pertinentes. La relación entre los dos horóscopos se expresa en parte como similitud, ya que ambos tienen importantes características en común. Revisémoslas.

La herida en la masculinidad sugerida por el contacto entre el Sol y Quirón, que encontramos en la carta de la virgen, está presente en la de la Independencia con la misma intensidad. Una manifestación común de dicha lesión, de acuerdo con la especialista en Quirón, Melanie Reinhart, es el autoritarismo. En la carta de 1531 describimos, a partir del contacto del Sol con Neptuno, a una figura paterna remota, invisible (¿dónde están los monumentos y las calles que recuerdan el lugar histórico y arquetípico de Cortés?), al mismo tiempo idealizada y desilusionante, mesiánica; de la que se espera todo y consigue poco. La carta de la Independencia comparte todo eso. Hay que añadir sin embargo que en el nuevo horóscopo también tenemos una tensa relación del Sol con Plutón que no está presente en el del siglo XVI. La misma sugiere un mando en extremo centralizado y con propensión a los excesos. Habla de una autoridad que concibe el liderazgo como ejercicio de la voluntad y que encuentra legitimidad en el enfrentamiento y la oposición. El mismo aspecto implica una dificultad por parte del jefe de Estado para aquilatar al resto de los actores sociales, pues hay un ensimismamiento en el que se espera que todo y todos giren en torno a él. La imagen de la figura presidencial que dibuja esta carta no apunta a que vaya a funcionar un sistema de gobierno con una verdadera división de poderes. Tanto el Legislativo, como el Judicial primero se sabotearán inconscientemente a sí mismos y al país, antes que aceptar funcionar como verdaderos contrapesos eficientes del poder presidencial. La misma trama de símbolos, que define cómo percibe al jefe de Estado el conjunto de la sociedad, gravita sobre los diputados, los senadores y los jueces: ellos lo ven de la misma manera. Frente al inmenso peso irracional del arquetipo no hay razonamiento o sensatez que valgan. Este país no sería este país sin una figura presidencial autoritaria, mesiánica, voluntariosa, ensimismada y narcisista. Éstas han sido, con superlativos, las características tanto de los buenos como de los malos presidentes mexicanos. Quienes no tuvieron este perfil, por lo menos los primeros tres años, no fueron tomados en serio. Si se quiere una correlación de fuerzas distinta en el funcionamiento del Estado, hace falta una nueva fundación. En *Vicios y Prejuicios...* expliqué que, desde la perspectiva astrológica, una persona puede reflexionar sobre sus propios errores hasta convertir los impulsos que la llevaron a ellos en algo distinto. Pero una entidad colectiva, como una nación, no aprende nunca. La única manera de que cambie es que se convierta en otra cosa.

La teoría astrológica dice que el tiempo no es homogéneo y que cada instante tiene una cualidad particular e irrepetible. Todos los sucesos que ocurren simultáneamente son la expresión de ese momento y participan de su mismo espíritu. Veamos bajo esa luz qué más ocurría el año de la independencia de México. En 1821 murió Napoleón, el último emperador de Occidente. Saint-Simon definió lo que se entendería por socialismo el próximo siglo y medio (y tres años antes nació Marx). Se independizó Grecia y desde luego parte importante de América latina. El común denominador de todos estos eventos es que son emblemáticos del nacimiento del nuevo y romántico credo nacionalista. A partir de entonces la patria tiene altares y ya no es nada más un ser humano el símbolo de la unidad del reino.

Podemos ver ese periodo en que ocurre la Independencia como aquél en que comienza a cristalizarse la imagen del ideal nacionalista que madurarían durante el resto del siglo XIX para florecer a lo largo de casi todo el XX. Los astrólogos asociamos dicho proceso a la conjunción de Urano y Neptuno que ocurrió entre 1819 y 1822 y que no se repetiría sino hasta entre 1989 y 1993. Se trata de un ciclo de cerca de 172 años que en este caso parece marcar el lapso que va del triunfo del Estado nacional como expresión cabal de la vida comunitaria, hasta el comienzo de la disolución de las fronteras nacionales, simbolizada por la caída del muro de Berlín en 1989, los tratados de libre comercio y la formación de la Unión Europea. El primer atentado de Al Qaeda al World Trade Center de Nueva York fue también en 1993 y marca, a la luz de lo que ocurrió después, el momento en que la amenaza contra una nación ya no es nada más otra nación. A tres meses de que la conjunción comenzara desvanecerse, al inicio de 1994, México empezó a disolver sus fronteras económicas, el levantamiento zapatista nos recordó que lo que creíamos que era un país en realidad son muchos y el Estado mexicano empezó a dar varias y alarmantes muestras de estar perdiendo la hegemonía sobre la violencia. Ni qué decir de que a partir de entonces empezó a crecer de manera exponencial el volumen de la actividad económica de los mexicanos que trabajan del otro lado de la frontera. Las dificultades y los nuevos retos ya no pueden ser resueltos por un partido distinto en el poder o por un equipo gobernante más capaz. Ya no son los actores políticos quienes carecen de la legitimidad necesaria para transformar al país. Lo que ha agotado su legitimidad es la estructura misma dentro de la que están funcionando y a la que representan. El viejo caparazón está dando claros signos de ya no poder contener los cambios tanto del organismo que tiene dentro como del medio internacional que tiene afuera.

Tanto el horóscopo de la Virgen de Guadalupe como el del México independiente sugieren que la crisis sólo irá en aumento. Primero, durante el año 2005 y 2006, el organismo social mostrará cada vez más síntomas de ya no poder ser contenido, ni protegido, por la estructura estatal. A comienzos de 2007 el caparazón (el Estado) comenzará a ceder en un proceso de cambios aún más acelerados y dramáticos que continuarán alrededor de cinco años más. Sólo a partir de entonces podremos comenzar a mirar el brillo de nuestra nueva piel.

Reflexión final

Quisiera recordar finalmente que es más apropiado considerar el movimiento de los cielos como un espejo que refleja el ritmo de los asuntos humanos, como un test de Rochach colectivo si se quiere, y no verlo como la evidencia de fuerzas místicas que guían la historia o de la intervención en este mundo de una inteligencia sobrenatural. Reconozco en ese sentido que palabras como «querubines», «ángeles» e incluso «alma» tienen una carga peculiar para el lector moderno. Pertenecen a una jerga pasada de moda y son adecuadas para otras sensibilidades, aquéllas que disfrutaban de espolvorear azúcar sobre los chongos zamoranos. Sus implicaciones coloquiales, que son realmente las que hemos considerado en este texto, son a la vez borrosas, pegosteosas y con una sola coloración: la del Peptobismol. Debo reconocer que después de tantos años dedicado a la astrología es un milagro que no sea diabético. La razón de la proliferación de metáforas tan empalagosas en esta disciplina es histórica y relativamente reciente. El resurgimiento de la horoscopia, a finales del siglo XIX, ocurre principalmente en el seno de una organización llamada Sociedad Teosófica, de donde toma prestadas su filosofía y su imaginería. Es por ello que todavía ahora muchos astrólogos, incluso sin saberlo, usan el lenguaje milenarista y confuso que puso de moda entonces la fundadora de la teosofía, la carismática y delirante Madame Blavatsky. La teosofía misma usó a la astrología para intentar establecer el momento en que la humanidad daría un salto evolutivo, olvidando que «evolución» implica solamente adaptación al medio y no mejora absoluta.[1] Todo su interés por la era de Acuario tiene que ver con dichas pretensiones. Es por ello que es necesario insistir una y otra vez que ninguna configuración planetaria hace que la humanidad o la historia cambien.

La sociedad y las personas mejoran o empeoran por las decisiones y las acciones de los hombres y sus circunstancias. Los planetas nos permiten tomar el pulso de nuestro quehacer y nos ayudan a establecer las interrogantes y los dilemas que tenemos que enfrentar para entender mejor y de forma más creativa cada momento y situación. No nos quitan responsabilidad alguna de nuestros hombros. No hay profecía alguna detrás o delante de la Virgen de Guadalupe. No seríamos mejores si las hubiera.

Dejemos de buscar señales divinas, olvidemos las profecías, las mayas y las de Nostradamus. No esperemos más que la sabiduría de los antiguos nos guíe y concentrémonos en descubrir la nuestra, la única que puede ayudarnos. Un sabio sólo necesita saber una cosa: dónde está su corazón. Al escucharlo puede actuar con sabiduría, que es simplemente la capacidad para tomar las decisiones correctas. Lo que nos conduce a la felicidad, la cual no es igual a estar contentos, sino que consiste en asumir voluntariamente la responsabilidad que proviene de una buena decisión: libertad y necesidad en el mismo acto; una cualidad moral, no un estado de ánimo.

Ninguna estrella o alineación celeste puede traer sabiduría, felicidad, paz, acabar con el sufrimiento o elevar el nivel de conciencia de alguien, menos aún el de la humanidad entera. Intentar conseguir todo eso es tarea solamente nuestra y hay que buscar la fortaleza para hacerlo no en el cielo por encima de nuestras cabezas, sino en nuestras manos y nuestros corazones. Ésos son los instrumentos con los realiza sus milagros aquí, en la Tierra, la Virgen de Guadalupe.

Apéndice

Los símbolos

Todo lo que he escrito en este ensayo se basa en mi interpretación personal de algo llamado símbolos horoscópicos. Para reflexionar apropiadamente sobre la astrología, primero tenemos que aceptar que los planetas y los signos del Zodiaco son símbolos. Al comienzo del ensayo mencioné que, para entender a los símbolos, hay que colocarlos en una categoría propia, aquélla que algunos estudiosos llaman «imaginal». Un símbolo representa un principio que por su naturaleza no puede ser entendido adecuadamente usando únicamente las retículas que constituyen el pensamiento racional. Si partimos de que todo lo real tiene que ser comprendido por medio de la razón, no podremos aceptar que existe la categoría que nos permite situar a los símbolos. Señalé, también, que los frutos de la interpretación de los símbolos son necesariamente las metáforas. Éstas pueden ser desde completamente opacas hasta totalmente transparentes. Qué tan cerca pueden llegar a estar dichas metáforas de la literalidad (la transparencia) es algo imposible de establecer mientras se participa del proceso creativo de donde surgen. Las metáforas que nacen de los símbolos pueden ayudarnos a reflexionar y a encontrar sentido a la realidad, pero tienen poca utilidad cuando se trata de planear o controlar a la misma. El reino de la literalidad, la planeación y el control es el de la ciencia; la astrología y sus símbolos son otra cosa, no algo mejor, sólo distinto.

Un símbolo no puede ser usado para aumentar la cantidad de conocimientos. Los académicos, cuyo trabajo consiste justamente en acumular conocimiento, cometen con frecuencia el error de entenderlo de esa manera. Lo quieren descifrar, ubicar, ponerle una etiqueta con su definición y pasar a otra cosa: «Quetzalcóatl quiere decir esto. Asunto concluido». Lo tratan como una alegoría, como un código encriptado o como una ecuación que debe de ser resuelta y no como una criatura con la que debemos de establecer una relación de la que nacerán metáforas, que es lo que verdaderamente es.

Me gustaría agregar aquí, como creo entenderlas, las cinco características que les atribuye el teólogo y filósofo Paul Tillich:

1. Un símbolo es elástico y maleable, pero no carente de estructura. Aunque puede tener una forma perceptible por los sentidos, necesariamente señala más allá de sí mismo. No es aquello que lo representa, sino el vector significante con el que nos permite entrar en contacto. Se trata por ello de un camino, no de un lugar. Al señalarnos una dirección, lo que encontramos al seguirla participa de él aunque no es idéntico a éste. Así, un árbol puede estar al noroeste, pero no es el noroeste. Un símbolo no puede ser descifrado, sólo interpretado en un contexto.

2. Tomado por sí mismo, si lo aislamos, el símbolo no tiene significado. Siempre va a participar de la realidad hacia la que apunta; por más que examinemos al árbol, si no sabemos que está al noroeste de algo, no nos dirá nada.

3. Los símbolos no pueden ser inventados arbitrariamente porque ellos no son sujetos a ser fundados, acuñados o establecidos por convención. Son orgánicos y tienen vida

propia; nacen y mueren sin que la voluntad de alguien intervenga.

4. A través del poder del símbolo, ciertos aspectos de la realidad que usualmente no vemos vinculados entre sí entran en contacto. Gracias a ellos se hacen aparentes relaciones que la mirada ordinaria no nos permite ver. La mente no puede comprender esas nuevas relaciones si el símbolo simultáneamente no abre una nueva ruta para la comprensión en ella.

5. La quinta cualidad es el poder constructivo ordenador y destructivo desintegrador del símbolo. Por lo general cuando pensamos en ellos tomamos en cuenta nada más el poder estabilizador y curativo de los símbolos. Pero se requieren de los dos lados para hacer una unidad y todo símbolo tiene una cara destructiva. En nuestra interpretación del horóscopo de la Virgen de Guadalupe tratamos de hacer justicia a ambas facetas.

Arquetipos

> El respeto que se le ofrece a la imagen, pasa al arquetipo.
>
> San Basilio

Una palabra a la que recurro con frecuencia a lo largo del texto es arquetipo o arquetípico. Antes de definirla veamos su etimología. Los prefijos «ar», «arque», «arche» o «archi» quieren decir «primero», como en arcángel, arzobispo, arqueología o archienemigo. «Tipo» es, sencillamente, forma. Literalmente «arquetipo» quiere decir «primera forma».

En su acepción moderna, el concepto de «arquetipo» es desarrollado por Carl Jung a partir del pensamiento de Platón. El analista suizo fue un pensador genial, pero poco sistemático y de ideas que cambiaban con frecuencia. En muchos sentidos esto es una virtud, pero no si estamos buscando una versión definitiva de un concepto. En la obra de Jung, siempre en remodelación, encontramos distintas definiciones de arquetipo, algunas en franca contradicción con otras. Es por ello que he preferido no usar aquí una definición tomada textualmente de él. Sería difícil elegir cuál. La explicación que sigue es más bien lo que he entendido y me ha resultado útil de ese concepto y por lo tanto corresponde a cómo lo uso en este librito.

No hay nada místico o sobrenatural en un arquetipo, se trata de una estructura que la mente impone a los contenidos de nuestra vida interior. Dicha estructura puede o no depender de la arquitectura misma del cerebro y sus neuronas. En la actualidad ese algo que todavía no se ha logrado establecer. Una analogía eficaz es ver a un arquetipo como a un campo magnético de cuya presencia nos percatamos de forma indirecta: cuando nuestras experiencias, cual limaduras de hierro, se ordenan siguiendo las líneas de fuerza del imán. Lo que podemos ver siguen siendo las limaduras de hierro, pero la forma en que se agrupan nos permite percatarnos de la presencia del arquetipo.

Tomemos como ejemplo los arquetipos «Padre» o «Madre»: para experimentarlos requerimos que un gran número de vivencias diversas e inconexas, particularmente de nuestra infancia, se organicen en nuestra mente siguiendo patrones preexistentes, hasta dar forma a las imágenes internas del padre y de la madre. Dichas imágenes tendrán colores y texturas únicos provenientes de nuestras vidas, pero sus formas necesariamente serán universales. Las experiencias agrupadas en torno a los arquetipos provienen necesariamente de nuestra biografía individual, pero éstas se vuelven visibles estructuras psíquicas que tenemos en común con todos los seres humanos.

Si aceptamos la existencia de los arquetipos, entonces tenemos que ver nuestra vida interior como algo que transcurre siempre siguiendo aquellos patrones que la mente permite e impone. Es posible pensar fuera de estas estructuras, pero el espacio para experimentar la vida al exterior de ellas es mucho menor de lo que solemos creer. El que nuestra vida tenga un cierto orden es posible gracias a los arquetipos. Cualquier experiencia que no pueda pertenecer a uno gravitará automáticamente hacia otro.

LAS ANTISCIAS

A lo largo de este texto me he apoyado fuertemente en un concepto astrológico que quizás incluso muchos lectores familiarizados con esta disciplina no conocían previamente: la *antiscia*. Creo por ello que no está de más incluir en este apéndice una explicación más amplia al respecto.

Obras de referencia astrológicas como la recomendable *Encyclopedia of Astrology* de Nicholas de Vore; o el idiosincrático *The Arkana Dictionary of Astrology* de Fred Gettings sugieren que las antiscias, o por lo menos el tipo de uso que yo les doy en este libro, aparecen hasta tiempos modernos. Si no fueran antiguas yo no tendría problema con ello, Plutón fue descubierto en 1930, Lilith o la Luna Negra es de mediados del siglo XX y Quirón es visto por primera vez en 1977, así que no creo que la antigüedad de un elemento astrológico determine su legitimidad. De hecho, respecto de las antiscias, para mí la definición más satisfactoria de su significado y uso proviene del alemán Alfred Witte y es de hace tan sólo setenta años. Desafortunadamente se trata de una explicación en extremo técnica y no recurriré a ella aquí. Sin embargo las antiscias son tan viejas como la astrología misma y son un remanente del método usado en el Paleolítico para situar cuándo exactamente ocurren los solsticios, algo necesario para poder establecer la duración precisa del año solar. Describiré más adelante el procedimiento que se usaba entonces, que es a la vez sencillo e ingenioso.

Claudio Ptolomeo, que escribió en el siglo III de nuestra era el tratado más popular de toda la historia de la astrología, menciona a las antiscias en su *Tetrabiblos*, pero sólo de pasada. Cien años después, el astrólogo romano Fírmico Materno las considera absolutamente centrales en su trabajo. Él escribió la siguiente descripción sobre las mismas:

… comencemos nuestra explicación de Géminis a Cáncer. Géminis (los gemelos) mandan antiscia a Cáncer y Cáncer hacia Géminis; Leo hacia Tauro y Tauro hacia Leo; Virgo hacia Aries y Aries hacia Virgo; Piscis hacia Libra y Libra hacia Piscis; Acuario hacia Escorpio y Escorpio hacia Acuario; Sagitario hacia Capricornio y Capricornio hacia Sagitario.

Luego sigue explicándonos cómo se establecen los grados:

… el primer grado de Géminis manda antiscia al grado 29 de Cáncer y de nuevo el 29 de Cáncer manda antiscia al primer grado de Géminis; el segundo al 28 y el 28 al segundo; el tercero al 27 y el 27 al tercero.[7]

Nuestro autor continúa por varios párrafos más exponiendo la importancia de las antiscias y su interpretación, utilizando como ejemplo la vida de uno de sus clientes para ilustrarlo.

Signo	Signo de antiscia	Grado	Grado de antiscia
Aries	Virgo	1°	29°
Tauro	Leo	2°	28°
Géminis	Cáncer	3°	27°
Cáncer	Géminis	4°	26°
Leo	Tauro	5°	25°
Virgo	Aries	6°	24°
Libra	Piscis	7°	23°
Escorpio	Acuario	8°	22°
Sagitario	Capricornio	9°	21°
Capricornio	Sagitario	10°	20°
Acuario	Escorpio	11°	19°
Piscis	Libra	12°	18°
		13°	17°
		14°	16°
		15°	15°

Una definición actual nos dice que una antiscia es una relación simétrica entre dos factores astrológicos tomando como referencia el eje que forman el comienzo de los signos de Cáncer y Capricornio. Se trata de los puntos en los que encontramos al Sol durante los solsticios. El cuadro que aparece arriba nos dice cómo se calculan. La interpretación, para lo que nos concierne, es sencilla; los planetas en antiscia actúan como si en realidad ambos estuvieran ocupando el mismo lugar.

La explicación de por qué las antiscias son importantes, de por qué se «leen» como si estuvieran en conjunción y el por qué se utiliza al eje solsticial como referencia, viene del Paleolítico mismo y tiene que ver, como dijimos, con el cálculo de los solsticios y con ellos de la duración precisa del año solar. Cuando hace tres mil años un observador trataba de establecer el día exacto en que ocurría el solsticio de verano, necesitaba ubicar en el horizonte el punto más al norte por donde saldría el Sol. Durante el invierno y la primavera, el lugar por donde vemos salir al Sol va cambiando. Se mueve cada día ligera, pero perceptiblemente, más al norte hasta que, al acercarse el verano, poco a poco frena su movimiento para luego comenzar de nuevo a desplazarse, ahora de regreso, hacia el sur. El día exacto en que cambia de dirección es cuando ocurre el solsticio y comienza el verano. El problema es que, conforme se va acercando el comienzo del verano, el sitio por donde vemos salir al Sol avanza cada vez más despacio hacia el norte, hasta que su desplazamiento diario sobre el horizonte se vuelve imperceptible. Por un par de semanas el amanecer ocurre prácticamente en el mismo punto: de ahí la palabra «solsticio», que quiere decir Sol detenido. Lo que esto implica para el cálculo del calendario es que «a ojo», directamente, no se puede establecer el día exacto en que comienza el verano, pues no se ve en qué amanecer el Sol ya cambió de dirección. Hay que recurrir una forma indirecta, que es la siguiente: cierto tiempo antes del solsticio, cuando el movimiento hacia el norte del Sol todavía es fácilmente detectable, se busca una marca que identifique el lugar en donde lo vemos salir: un árbol, una roca prominente, un cerro incluso. Se cuentan entonces los días que tarda en llegar desde esa marca hasta su máximo punto al norte y de regreso a la misma. Simplemente se divide entre dos el número de días que transcurrieron entre los dos eventos y se tiene la fecha exacta en que comenzó el verano. Este truco para calcular el solsticio echa mano de dos puntos equidistantes a él en el Zodiaco. Visualmente, para alguien que observe por dónde cruza el Sol el horizonte, parecerán el mismo punto. Se trata de antiscias, que como vemos tuvieron primero una función calendárica para luego ser incorporadas al sistema astrológico.

¿Qué es una rectificación?

Toda la interpretación que hago en estas páginas parte de que la carta con la que trabajamos es en efecto la que corresponde a la fecha mítica de la aparición. Como señalé, la narración original habla de varias apariciones y sólo menciona los periodos aproximados del día y no horas específicas, como necesitamos los astrólogos. Sin embargo, no contar con la hora o incluso la fecha de un evento o un nacimiento ha sido algo común a lo largo de la historia para los practicantes de la astrología. En la Antigüedad aquéllos que no tenían la fortuna de ser contratados de tiempo completo por un hombre rico y poderoso, entre otras cosas para estar presentes a la hora del nacimiento de sus hijos, tenían que buscar el sustento asesorando a cientos de personas ordinarias. En épocas en que los registros no abundaban, no era raro que éstas no supieran la hora, el día o incluso el año de nacimiento. Frente a esto había dos soluciones, la más usual era recurrir a la astrología horaria. Se trata de una forma oracular de astrología, en la que se levanta una carta natal, no de la persona, sino de la pregunta que quiere que el astrólogo le responda. Quienes han utilizado el *I Ching* pueden intuir el funcionamiento de la astrología horaria. Por cierto, si aceptamos que la astrología horaria es una forma legítima de esta disciplina, entonces tenemos que reconocer que la astrología en general es simple y llanamente adivinación y que carece de sentido hablar de una influencia celeste objetiva que se plasme en alguien al momento del nacimiento. Éste es un punto de vista que yo comparto y que es expuesto con lucidez y claridad por Geoffrey Cornelius en su extraordinario libro *The Moment of Astrology*.

La segunda solución consistía en intentar deducir la posible carta natal del consultante. A esto se le llama rectificación y era posible sólo si se tenía una o varias fechas tentativas o algún tipo de información sobre el nacimiento, que sirviera de asidero y punto de partida. Si lo único que se desconocía era la hora de nacimiento, lo cual era el escenario más común, el procedimiento usual era deducirla a partir de la apariencia y las características físicas de la persona. Como se supone que el ascendente debe describir el aspecto de la persona, un astrólogo con el ojo entrenado no debía tener dificultad para concluirlo (aunque yo no tengo el ojo entrenado, este es el procedimiento que seguí en el libro). En la actualidad la diversidad genética de los habitantes de las ciudades modernas limita mucho la posibilidad de establecer el ascendente de alguien a partir sólo de su apariencia. Es por ello que el método preferido hoy en día por la comunidad astrológica toma como punto de partida los acontecimientos importantes en la vida de una persona y se basa en la siguiente premisa: si con la hora precisa de nacimiento es posible establecer cuándo ocurrirán los eventos principales en la vida de alguien, entonces, si sabemos cuándo ocurrieron los eventos, es factible deducir la hora de nacimiento. He de decir que no comparto del todo la lógica de este argumento, aunque no es ésa realmente la razón por la que no uso eventos para deducir el horóscopo de la virgen.

Como se practica en la actualidad, la rectificación es un procedimiento minucioso, principalmente cuantitativo, que requiere de muchas horas de dedicación y que no es aplicable en el caso de personas jóvenes, pues su vida no tiene, por lo general, suficientes eventos. Desde mi punto de vista, la rectificación, cualquiera que sea el método que sigamos es, antes que nada, un ritual por medio del cual se otorga a un horóscopo dudoso la legitimidad que nos permitirá involucrarnos con él en el proceso de interpretación. Hay que creer en lo que el ritual pretende conseguir para que éste sea eficaz. Lo que se obtiene entonces es un horóscopo operativo, en el que podemos sumergirnos con seguridad, lo que no quiere decir que sea real.

En el caso que nos atañe, el de la Virgen de Guadalupe, preguntarnos si es real o no el horóscopo con el que trabajamos carece doblemente de sentido. Su realidad fue construida poco a poco por la rectificación que describo en el texto. Para ponerlo de manera más radical y siendo fiel a la idea de que la astrología es adivinación, afirmaré lo siguiente: la Virgen de Guadalupe no tiene horóscopo, sino hasta que alguien se pregunta cuál es. Y aunque yo me planteo esa interrogante, estoy seguro de no ser el único que lo ha hecho. Tengo noticias de que mientras escribo esto un astrólogo alemán, simpatizante de uno de los grupos de la mexicanidad, está trabajando en su versión del horóscopo. Lo más probable es que llegue a una fecha y una hora distintas a las que yo propongo aquí. La pregunta obvia es, en dado caso de que se obtengan dos o más horóscopos distintos de la virgen, o de cualquier otra cosa para el caso ¿cómo saber cuál es el bueno? Hay dos formas de decidirlo. La primera es revisando los criterios como se obtuvieron esa cartas natales. ¿Cuál de ellos es el más consistentemente astrológico? La segunda es estableciendo qué horóscopo describe mejor los qués y los cuándos en la vida de alguien o algo. El problema que surge en nuestro caso es que al tener el horóscopo de la Virgen de Guadalupe tenemos que preguntarnos necesariamente de qué o de quién es ese horóscopo. ¿Qué debe de describir? ¿Qué acontecimientos están asociados a él? Cada uno de los astrólogos que propongamos un horóscopo para ella podemos hacer, consciente o inconscientemente, una linda selección de acontecimientos de acuerdo con nuestros intereses y expectativas. De hecho, aunque mi propósito desde un comienzo fue analizar el horóscopo para explorar qué describe, soy consciente de que mis prejuicios contribuyeron a establecer qué encontré.

Las claves ocultas de la Virgen de Guadalupe es a fin de cuentas mi argumento a favor de este horóscopo. Me siento satisfecho con el mismo, pero aunque puedo defenderlo, y probablemente lo haga, la última palabra no puede ser la mía. Quizás es bueno señalar que en la astrología hay una larga tradición de búsqueda de horóscopos de momentos excepcionales de una naturaleza similar al de la aparición de la Virgen de Guadalupe. Quizás el más ilustrativo es el nacimiento de Jesús, que el capítulo dos del Evangelio de Mateo asocia a un fenómeno celeste. Al menos desde el siglo IX de nuestra era se han propuesto multitud de posibles cartas natales para este personaje, casi todas basadas en ese pasaje de Mateo. Los menos interesantes tratan de construir un horóscopo «ejemplar», buscando en el cielo algo excepcional. No es raro, incluso, toparse con alguno que propone posiciones planetarias astronómicamente imposibles, como lo hace el sinvergüenza J. J. Benítez en uno de sus muy vendidos *Caballos de Troya.*

Independientemente de si existió o no Jesús, o de si hay relación o no entre el Jesús histórico y lo que inició San Pablo, existen ejercicios sumamente interesantes donde poco a poco se busca hacer coincidir lo que dice el Evangelio con las posiciones planetarias en el cielo de la época. En estos intentos se deja de lado, al menos durante el procedimiento, el posible carácter excepcional de lo que se indaga. Un ejemplo sobresaliente de este tipo de esfuerzo es *La Estrella de los Magos*, del español Juan Bautista Beltrán Clausell editado por Ediciones El Almendro de Córdoba. En inglés tenemos también las investigaciones de Don *Moby Dick* Jacobson, que nunca fueron publicadas como libro y las muy recientes de Rollan Mc-Cleary, *Signs for a Messiah*, Hazard Press, 2003, Nueva Zelanda (que da como fecha de nacimiento de Jesús el 15 de septiembre del año 7 aC, a la 10.01 pm).

Mi trabajo se inscribe dentro de esta misma tradición, aunque con una diferencia importante. En el caso de Jesús los astrólogos se concentran principalmente en establecer el horóscopo, esto es, en la rectificación, evitando casi todos ellos, por razones obvias, tratar de interpretarlo. Lo que yo intento es, justamente, un ejercicio de interpretación y la rectificación es sólo el prerrequisito para sumergirse en ella.

LEE LEHMAN, LA CASA TRES, LA DIOSA Y LA HEREJÍA

La doctora en biología Lee Lehman, una buena amiga mía, es autora de un libro sobre el uso de los asteroides en la astrología, así como de tres más sobre astrología clásica (que es como se conoce genéricamente a la que se practicaba hasta el siglo XVII). Revisando un peculiar programa de computadora, que ella escribió a partir de citas de autores clásicos y que trata de emular la forma en la que se interpretaba una carta natal hace algunos siglos, encontré que en su introducción a los asuntos de la casa tres ella da una explicación que coincide con la mía. Creo que puede ser de interés, así que aquí la traduzco:

La dimensión espiritual de la casa tres con frecuencia se subestima. Sin embargo se trata de una idea muy vieja: los nombres originales griegos para las casas tres y nueve, el eje religioso de la carta, eran «diosa» y «dios» respectivamente. Así que ¿cuál es la diferencia entre «diosa» y «dios», especialmente en una sociedad que no es politeísta? Dos cosas. Primero, existen manifestaciones religiosas directas que son inequívocamente de naturaleza femenina. En el catolicismo, las visiones de la Virgen María o un foco en la devoción de la imagen de María sería uno de esos casos. (...) También, considerando el estatus de la mujer en la cultura griega en la época en que se nombraron las casas, está claro que las mujeres (y por extensión, las diosas) eran el partido fuera del poder en la práctica religiosa. Entonces, la religión de la casa tres con frecuencia incluye herejías, o prácticas que no siguen la norma social del ambiente cultural del nativo.

Los signos del Zodiaco de Henrico Martínez, primer astrólogo de México

En 1606 fue publicado en México el *Reportorio de los Tiempos*, el primer libro que trata de aclimatar la astrología occidental al suelo americano, por lo que para mí ha sido una referencia obligada al escribir este libro. Su autor, un inmigrante alemán, es recordado en la Ciudad de México con el nombre de una calle y un monumento en el atrio de la Catedral Metropolitana. Pero su recuerdo se mantiene más bien por su labor como ingeniero de la primera obra hidráulica para evitar las inundaciones de la Ciudad de México y no por su interés por las estrellas. El mérito astrológico de Henrico Martínez está no sólo en ser un pionero, sino en que procura de forma sorprendentemente imaginativa acomodar algo completamente nuevo a una cosmovisión clásica que no acepta fácilmente las novedades. Hay que anotar que a comienzos del siglo XVII la difusión de la obra de Copérnico ya había comenzado en Europa y con ello la astrología pasaba rápidamente a la categoría de antigualla en desuso. Queda claro con la descripción que hace de un cosmos aristotélico que Martínez no estaba al día en cuanto a conocimientos astronómicos. Pero aunque esto no está en duda, la realidad es más compleja, ya que es probable que él fuera un cripto-hermetista. Al menos sus creativas soluciones al tema del signo del Zodiaco de México apuntan en esa dirección.

Un interés particular que tiene la descripción de los signos que encontramos en el *Reportorio* es que son un intento por aclimatar a México las delineaciones que eran comunes en los almanaques europeos de la época, incluyendo comentarios derivados de su propia observación. Es por ello que varios signos que tradicionalmente no son vistos como propensos a los viajes y a las tierras extrañas, en su obra aparecen con dichas inclinaciones. Recordemos que, a comienzos del siglo XVII, aún están llegando muchos migrantes a la Nueva España. Podríamos decir que nuestro autor, en su pequeña encuesta seguramente impresionista, no consideró un importante factor demográfico que le dio un sesgo a la muestra. Por lo general los textos de la época atribuían únicamente a Aries, Sagitario y Piscis la tendencia a abandonar el suelo en donde nacieron. En la lista de Martínez se agregan además Tauro, Géminis, Cáncer, Acuario y las mujeres Libra.

Al comienzo de cada delineación nuestro autor nos da las características climáticas del tercio de estación al que pertenece dicho signo. Es obvio que éstas corresponden a las que privan en Europa y aquí hay muy poco que hubiera podido ser adaptado convincentemente para nuestras latitudes. Por otro lado la necesidad misma de asociar ciertas condiciones meteorológicas a los signos proviene de la premisa de Tomás de Aquino que sostiene que los cielos afectan nuestra constitución física a través de los humores y de acuerdo con los cuatro temperamentos. La conducta, de conformidad con la idea tomista, sólo es influida como efecto de la constitución corporal y las alteraciones fisiológicas. Así, se situaba a la astrología como algo de interés para los médicos y no como obstáculo de los teólogos. No quitar el dedo del renglón en este punto ayudó a los astrólogos que practicaban en los países católicos a mantener alejada a la Inquisición.

Los siete climas a los que en cada entrada se hace referencia son atribuciones de los planetas, no de los signos del Zodiaco. Se les menciona, correctamente, como propiedades de los regentes de los signos respectivos. El número de climas es por eso de siete, no de doce, y abarcan una franja paralela al ecuador que va del grado diez al cincuenta de latitud norte. El primero, el que está más al sur, concierne a Saturno; el segundo a Júpiter, el tercero a Marte, el siguiente al Sol, Venus, Mercurio y la Luna, de acuerdo con el orden caldeo. Esta asignación geográfica proviene de la época clásica, cuando el Mediterráneo era el centro del mundo y no se tenía noticias de mucho más. La popularizó entre los autores medievales el persa que escribía en árabe Al Bruni a comienzos del siglo XI. Para el tiempo en que publica Martínez, obviamente carecen de sentido pues el mundo habitado se ha hecho demasiado grande. El insistir en mencionarlos en un texto de comienzos del siglo XVII más que por testarudez y cerrazón se explica como una artimaña que busca enfatizar la carga natural, médica y geográfica para evitar las suspicacias del Santo Oficio. Dados los ejemplos de bibliotecas quemadas que la época presenció, nunca se podía ser demasiado cuidadoso.

Cuando finalmente se abordan en el texto las características de personalidad y la fortuna asociada a los signos, se hace siempre en referencia al ascendente. Se le menciona también como el signo en el oriente o el que sube por el horizonte. Como he explicado en *Vicios y Prejuicios de la Astrología* (Plaza y Janés, 2003), la práctica de atribuir las cualidades de los signos a la fecha del año en la que se nació es del siglo XX y en realidad, aunque el uso la ha hecho legítima, no se desprende directamente de la tradición. La lectura de Martínez nos recuerda aquí que, de acuerdo con el criterio clásico, nuestro signo personal no es el que los periódicos y revistas nos asignan.

Del signo de Aries

El primero de los doce signos se llama Aries, que quiere decir Carnero. Influye en este signo calor y sequedad templadamente, cuya calidad es principio de movimiento natural a cualquier individuo para que juntándose multipliquen y conserven aquella especie que cada uno por naturaleza tiene. Cuando el Sol llega al principio de este signo, que es a los 21 de marzo, son los días iguales con las noches en todo el mundo y en esta mitad de él, donde tenemos elevación de polo ártico,[1] comienza el verano, crecen los días, alegrándose los campos, fructifican los árboles y todas las plantas brotan y reverdecen; y en el otro medio mundo donde tienen elevación del polo antártico, o sur, sucede en este mismo tiempo lo contrario. Es este signo casa de Marte y tiene su significado sobre el tercer clima. Dicen los astrólogos que los que tienen al tiempo de su natividad este signo en el oriente suelen ser de mediana estatura, de rostro largo, los ojos grandes, el cabello crespo, algo habladores, ingeniosos y prudentes; suelen ser de noble ánimo, inclinados a letras y tener mejores sucesos fuera de sus patrias que en ellas; no suelen ser ricos ni muy pobres y a veces alcanzan bienes de fortuna por causa de difuntos; suelen ser desgraciados con animales de cuatro pies y en andar a caballo. Las mujeres nacidas en este signo suelen ser naturalmente iracundas, inclinadas a mentiras, amigas de novedades, de buenos pareceres, libres y desenvueltas.

Del signo de Tauro

El segundo signo según sucesión natural se llama Tauro, que quiere decir Toro; porque así como este animal es más fuerte que el Carnero, así el calor que causa el Sol entrando en este signo se muestra también con mayor vigor y se aumentan con más fuerza todas las cosas que la tierra produce. Tiene este signo dominio sobre el quinto clima; es casa nocturna de Venus; entra el Sol en él a los 21 de abril (y) sale a los 21 de mayo. Los que nacen debajo de este signo suelen ser naturalmente atrevidos, presuntuosos y altivos de corazón, amigos de intentar negocios arduos y de ir por tierras extrañas; son familiares en sus tratos y venturosos en los de la mercancía a que particularmente suelen ser inclinados; suelen tener enfermedades de tristeza y melancolía,[2] especialmente desde los treinta hasta los cuarenta años. Las mujeres suelen ser naturalmente solícitas, cuidadosas, inclinadas a cosas de amor y de ver tierras extrañas y de por medio de su propia industria y trabajo adquirir hacienda o aumentarlas a sus maridos; suelen tener muchos hijos.

Del signo de Géminis

El tercer signo llamado Géminis figuraron los poetas por dos niños abrazados, diciendo ser dos hermanos tan amados entre sí que nunca tuvieron contienda, queriendo significar que cuando el Sol entra en este signo, que es a los 22 de mayo, es tiempo en las provincias septentrionales muy deleitoso y la fuerza del verano sin intervención de contrarios temporales (aunque esta regla suele a veces faltar en estas partes). En este signo casa de Mercurio (y) tiene dominio en el sexto clima. Los que tuvieren en su nacimiento este signo en el ascendente serán naturalmente ingeniosos, de buena estatura de cuerpo, hermosos de rostro, muy inclinados a las ciencias, mayormente a las matemáticas, y amigos de la virtud; suelen ser misericordiosos, liberales y de mucha confianza, y con esto alegres de ánimo, de buen entendimiento y mucha confianza, y agradables a todos; enojándose por poca cosa, mas luego se les pasa; suelen asistir poco tiempo en sus patrias y no ser ricos ni muy pobres. Y las hembras nacidas debajo de este signo suelen ser naturalmente adornadas de muchas virtudes y que aborrecen en sumo grado las cosas mal hechas.

Del signo de Cáncer

El cuarto signo según sucesión del zodíaco se dice Cáncer, que es lo mismo que Cangrejo; diéronle este nombre porque, así como este animal anda de lado, de la misma manera cuando el Sol llega a este signo y algunos días antes y después no adelanta el apartamiento de la equinoccial[3] sensiblemente y el movimiento que hace por la eclíptica por entonces es casi lateral y equidistante de la misma equinoccial.[4] Es este signo casa de la Luna y llega el Sol al principio de él a los 22 de junio, que es el mayor día del año en este medio mundo septentrional. Tiene dominio sobre el séptimo clima. Los nacidos al tiempo que sube este signo por el horizonte suelen ser de mediana estatura, de ojos pequeños, la voz débil, y naturalmente inclinados a pleitos y discordias, a cuya causa no les suelen faltar trabajos; suelen ser venturosos en tener estrecha amistad con personas poderosas, e inclinados a hacer viajes por agua en los cuales suelen pasar peligros. Las mujeres nacidas en este signo suelen ser diligentes trabajadoras y que fácilmente se enojan y presto se les quita; son amigas de hacer bien, prudentes, vergonzosas y suelen padecer inquietudes por causa de sus hijos.

Del signo de Leo

El quinto signo según sucesión natural es llamado León; porque así como este animal es de fervientísima naturaleza y la mayor parte de su fuerza está en las partes delanteras de su cuerpo, así, entrando el Sol en el principio de este signo, que es a los 23 de julio, es la fuerza del estío en estas partes septentrionales y causa los mayores calores de todo el año, los cuales se mitigan cuando llega al fin del signo, correspondiendo en esto con la naturaleza del León que también en las partes postreras de su cuerpo tiene menos fuerza. Es este signo casa del Sol y tiene su dominio sobre el cuarto clima. Los que en su nacimiento tienen a León en el ascendente suelen ser de hermosa estatura, los ojos zarcos y naturalmente atrevidos, altivos y de grande ánimo e ingenio y aprovechan mucho en las letras, si se dan a ellas, y asimismo en cualquier ejercicio ingenioso, suelen ser amigos de seguir su voluntad y de cumplir su palabra; también suelen ser algo tristes y sujetos a peligros y afligidos de dolores de estómago. Si fuere mujer, será también sujeta a la dicha enfermedad y muy celosa de la honra, piadosa con los pobres y vendrá a alcanzar mucha hacienda respecto su calidad.

Del signo de Virgo

El sexto signo en orden es nombrado Virgen, a quien los poetas figuraron por una doncella con una espiga de trigo en la mano, significando por esto que así como la Virgen es estéril así cuando el Sol entra en este signo, que es a los 23 de agosto, cesa también el aumento de las cosas vegetales y la espiga en la mano denota ser ya tiempo de recoger y guardar los frutos de la tierra. Es este signo casa de Mercurio; tiene dominio en el sexto clima. El que naciere al tiempo que sube este signo por el horizonte será de buena estatura de cuerpo, derecho y hermoso, el cabello llano, de condición bien inclinado, noble y amigo de justicia, solícito y cuidadoso; tendrá buen entendimiento, pronto para aprender cualquier ciencia, especialmente las matemáticas, a que será naturalmente inclinado. Será verdadero amigo de sus amigos, a veces se hallará con bienes de fortuna, a veces sin ellos. Si fuere hembra será naturalmente vergonzosa, hacendosa, remirada y devota, inclinada a ejercicios virtuosos.

Del signo de Libra

Libra es el séptimo signo según sucesión natural, a quien figuran por una balanza, significando con esto, que cuando el Sol entra en este signo, que es a los 23 de septiembre, hace iguales los días con las noches en todo el mundo, y es el principio del otoño en las partes septentrionales y comienzan las plantas vegetales a ir en disminución. A la contra de esto sucede en las partes meridionales, porque en este dicho tiempo es allá el principio del verano. Es Libra casa de Venus y tiene dominio sobre el cuarto clima. El que naciere con este signo, será de buena proporción de miembros, inclinado a mujeres, será sabio, y tendrá ingenio acomodado para cualquier arte o ciencia y saldrá bien con lo que emprendiere y tendrá particular gracia para tañer y cantar. Si fuere mujer será alegre, placentera y muy conversable e inclinada a ver tierras extrañas.

Del signo de Escorpión

El octavo signo según orden natural es llamado Escorpión, que es lo mismo que Alacrán, porque dicen los astrólogos que así como esta sabandija halaga con la boca y punza con la cola, así el sol entrado en el principio de este signo (que es a los 23 de octubre) suele causar el tiempo apacible, mas llegando al fin de él comienza a punzar con agudo frío, el cual, como sea acompañado con humedad y remoto de buen temperamento, ofende a las plantas vegetales y pierden la hoja recogiéndose su virtud a las raíces. Es este signo casa de Marte y tiene dominio sobre el tercer clima. Los que nacen subiendo este signo por el horizonte, suelen ser algo morenos, de muchos cabellos; algunos suelen tener el rostro encendido, los ojos pequeños con poco sosiego; suelen ser algo mal inclinados, pero todo esto pueden vencer con la discreción y ayuda de Dios, que el hombre sabio señorea las estrellas.

Del signo de Sagitario

El noveno signo del Zodiaco se dice Sagitario y es figurado por un Centauro tirando flechas, con lo cual significaron los antiguos que cuando el Sol anda en este signo es la tierra asalteada de pluvias y nieves, fríos y heladas, y con esta destemplanza del tiempo se consumen las hierbas y semillas quedando las plantas desnudas de hoja, como sucede en toda Europa. Es este signo casa de Júpiter y tiene dominio sobre el segundo clima. Entra el Sol en él a los 22 de noviembre. El que naciere en este signo será de mediana estatura, la frente y barba aguda, los pies pequeños y el vientre grande; será inclinado a la guerra y de andar a caballo; tendrá mucho enemigos; será vergonzoso, afable, honesto y venturoso, amigo de pasar el mar y andar por tierras ajenas; tendrá ingenio acomodado para cualquier cosa y le vendrán bienes de fortuna de donde no piensa. Si fuere mujer será naturalmente cuidadosa, temerosa y vergonzosa;

finalmente, así el varón como la hembra suelen ser bien inclinados y misericordiosos con los necesitados.

Del signo de Capricornio

Capricornio es el décimo signo del Zodiaco y pusieron a esta parte del cielo este nombre, porque así como la Cabra es animal que se empina, trepa y sube para comer las hojas de los árboles y matas, así el Sol, cuando entra en este signo, que es a los 22 de diciembre, pocos días después comienza a alzarse y acercarse a nuestro cenit.[5] Son en este tiempo los menores días del año en este medio mundo septentrional, y en el otro meridional son los mayores. Es este signo casa de Saturno y tiene dominio sobre el primer clima. El que en su natividad tuviere este signo en el ascendente, será melancólico y airado, aunque sufrirá con ánimo las adversidades; será sabio, prudente y tendrá poco presunción, a cuya causa será bien quisto; será amigo fiel de sus amigos e inclinado a religión y a cosas grandes, y será venturoso en las cosas que intentare; no será rico ni muy pobre. Si fuere mujer será naturalmente mal acondicionada,[6] aunque temerosa y vergonzosa.

Del signo de Acuario

El onceno signo según la sucesión natural es llamado Acuario, porque en el tiempo que el sol discurre por él, suele ordinariamente ser tiempo húmedo y lluvioso en las partes septentrionales, y así es figurado por un hombre que está derramando agua, con lo cual significaron los antiguos filósofos la calidad e influencia de este signo. Entra el Sol en él a los 20 de enero.

Es casa de Saturno (y) tiene dominio sobre el primer clima. El que tuviere este signo al tiempo de su nacimiento en el ascendente será de mediana estatura y naturalmente afable y humano, de buenas costumbres y entrañas, liberal y amigo de cosas honrosas y de guardar secreto; airarse ha de presto; será inclinado a religión y de habitar en tierras extrañas; tendrá ventura en lo que emprendiere, aunque no sabrá conservarla. Si fuere hembra será muy reportada, verdadera y constante y adornada de muchos bienes naturales y amiga de seguir su parecer.

Del signo de Piscis

El duodécimo y último signo del Zodiaco, es llamado Pises y figurado de los poetas por dos peces, significando con esto que así como los peces son animales húmedos que viven en el agua, así mientras que el Sol anda en este signo es el tiempo húmedo, pluvioso y de muchas aguas. Entra el Sol en él a los 19 de febrero. Es casa de Júpiter y domina sobre el segundo clima. Los que nacen debajo de este signo comúnmente suelen ser flemáticos y deleitarse en ir por aguas y navegaciones, a cuya causa están sujetos a peligros; suelen ser inclinados al juego y a ver tierras extrañas y con esto algo perezosos y para poco; suelen ser de pequeña estatura con algún lunar u otra señal en el rostro. Las mujeres nacidas en este signo suelen naturalmente ser honestas, piadosas, y fatigadas de mal de madre.

Notas

La astrología

1. En el apéndice doy una explicación detallada de lo que es un símbolo.

2. Sería especioso utilizar aquí como argumento lo que al respecto tiene que decir la mecánica cuántica.

3. Wallace Stevens, *Opus Posthumous*, Faber and Faber, 1989.

4. Véase nota 1.

5. Ésta no es una idea nueva, Carlos Monsiváis ha hecho una sugerencia similar.

6. Véase el ensayo «En búsqueda del Horóscopo de México» en mi libro *Vicios y Prejuicios de la Astrología*, Plaza y Janés, 2003.

7. Mítico en el sentido fenomenológico de Paul Ricoer, no el sociológico de Roland Barthes.

El origen histórico probable

1. Por ejemplo Antares, la estrella alfa de la constelación de Escorpio, se movió dos segundos de arco durante el siglo XX. A esa velocidad tardará tres mil años en recorrer la sexta parte de un grado.

2. En la Antigüedad la bóveda celeste se solía representar más comúnmente como vista desde «afuera», del cielo hacia la Tierra, por lo que la proyección era cóncava, no convexa.

En busca de la carta natal de la Virgen de Guadalupe

1. La fecha más cercana a la realidad histórica, de acuerdo con el historiador Rodrigo Martínez, es el 6 de diciembre de 1555, cuando probablemente fue colocada la imagen pintada por Marcos Cipac en la ermita.

2. Con imperdonable negligencia tomé nota sólo de este dato y olvidé registrar dónde apareció el artículo y cuándo.

3. Antes de la reforma gregoriana al calendario, que ocurrió en 1592, lo normal era que el equinoccio de primavera ocurriera entre el 11 y el 12 de marzo.

4. Algo así como la famosa estrella en Oriente del Evangelio de Mateo.

5. Véase el apéndice dedicado a la rectificación.

6. Por ejemplo, si quiero levantar el horóscopo de la «aviación motorizada», tengo que usar el momento en que ocurrió el primer vuelo del *Kitty Hawk*, el 17 de diciembre de 1903 a las 10.35 am en Kill Devil Hills en Carolina del Norte (si es que realmente éste fue el primer vuelo motorizado). Si quiero, por otro lado, levantar el horóscopo de la era espacial, tengo que usar el lanzamiento del primer satélite artificial, el *Sputnik*, que ocurrió el 4 de octubre de 1957 a eso de las 9 pm, en Baikonur, al norte del mar Caspio. Un segundo vuelo o un segundo lanzamiento carecen ya de relevancia astrológica.

7. Las posiciones para los asteroides más pequeños no pueden ser establecidas con mucha precisión para fechas de más de doscientos años en el pasado. Las conjunciones que menciono están de acuerdo con las ecuaciones orbitales a nuestra disposición en la actualidad y no toman en cuenta un sinnúmero de pequeñas perturbaciones que se van acumulando a lo largo del tiempo. Coincidencia o no, sólo calculé los asteroides en una de las revisiones finales del manuscrito, así que no jugaron ningún papel al escoger la fecha o la hora de la aparición.

8. Considero el amanecer visual; el astronómico ocurrió tres minutos después, a las 6.32 am. Todas las horas son expresadas de

acuerdo con el meridiano de la Ciudad de México. Hay que recordar que los husos horarios se implementaron en nuestro país hasta 1926.

9. Una de las razones por las cuales hasta la fecha es útil estar enterado de las fases de la Luna en las comunidades rurales alejadas es para saber cuándo su luz facilita hacer recorridos largos aun de noche.

10. Como ninguno hace todo lo que yo quisiera uso tres, el australiano Solar Fire 6, el neozelandés Janus 3 y el norteamericano Kepler 7.

11. Haciendo los cálculos precisos para la latitud de la Ciudad de México, tenemos una pequeña variación, ya que el ascendente a las 3 am corresponde al grado 9 de Escorpión y a las 5 am al 5 de Sagitario, así que en realidad tenemos una ventana más estrecha, de 26 grados.

12. En un sentido menos estricto, la madrugada del sábado 9 seguía teniendo Luna nueva, ya que visualmente ésta dura entre tres y cuatro días.

13. Por la importancia que le estoy dando a esta «antiscia» para determinar la hora de la aparición, he creído conveniente incluir un apéndice; no es una técnica «menor» que me saco de la manga aquí para salir de un aprieto.

14. En realidad la antiscia Sol-Luna comienza a las 2 am, pero ya habíamos descartado un momento tan temprano.

15. Muchos astrólogos modernos consideran que es Plutón quien rige este signo. Yo prefiero continuar usando las regencias clásicas por razones que serían un poco largas de exponer aquí.

16. En el apéndice incluyo una explicación del sentido que le doy en el texto a «arquetipo» y «arquetípico».

17. Veremos más adelante que, en realidad, la diferencia entre la Madre Buena y la Terrible es mucho más compleja.

18. Página 33 del *Reportorio de los Tiempos*, Edición de Condumex.

19. La mandorla dibujada horizontalmente, también conocida como *vesica piscis*, era un emblema importante para los primeros cristianos.

20. Rodrigo Martínez Baracs, «Tepeyac en la conquista de México: problemas historiográficos», en: *Tepeyac, Estudios Históricos*, Universidad del Tepeyac, México, 2000.

21. $360° / 5 = 72°$ $\quad$ $72° \times 2 = 144°$

22. Se trata del décimotercer grado, ya que cada signo del Zodiaco comienza en el grado cero.

23. Los días planetarios comienzan al amanecer, no a la media noche. Es por eso que la madrugada del sábado (Saturno) corresponde todavía al día de Venus (viernes).

24. Un comentario sobre las coordenadas: estoy usando las que corresponden al centro de la Ciudad de México, no estrictamente las del Tepeyac. Sin embargo la distancia entre los dos puntos es tan pequeña que no produce una diferencia mesurable en un horóscopo.

El Sol y la Luna

1. El calendario en uso en esa época era todavía el juliano, no el gregoriano, al que estamos acostumbrados. A pesar de ello, el 9 de diciembre el Sol está en Sagitario.

2. Doy una explicación de esto en el capítulo titulado «El horóscopo de México», en *Vicios y Prejuicios de la Astrología*, Plaza y Janés, México, 2003.

3. Al revisar la famosa recopilación de Miguel León-Portilla *La Visión de los Vencidos*, encontré que se menciona a hombres montados en venados, pero nada que parezca un centauro.

4. Hasta comienzos del siglo XX el «signo» de algo o de alguien era el correspondiente a su ascendente, no al de su Sol.

5. C. Kerenyi, *Zeus and Hera*, Routledge & Kegan Paul, Londres, 1975.

6. Como lo menciona Jacques Lafaye en su *Quetzalcóatl y Guadalupe*, FCE, México, 1977.

7. Antes vimos la posibilidad de que la fecha fuera conocida

antes de la aparición, como lo propone el padre Mario Rojas. Ahora, que fuera escogida revisando el cielo hacia atrás en el tiempo.

8. Desde luego no descarto la posibilidad de que ellos hubieran visto en este horóscopo algo que a mí se me escapó. Sin embargo procuré revisar al mismo usando los criterios de la época, con los cuales estoy más o menos familiarizado.

9. Una rama muy antigua de la astrología es la eleccional, cuya función es escoger el momento mas propicio para iniciar un proyecto o fundar algo. Ciudades como Bagdad y edificios como la catedral de San Pablo en Londres tuvieron fechas elegidas por astrólogos de esta manera.

10. El problema real era, como digo, establecer la posición de la Luna con cierta precisión más de cien años en el pasado. El cálculo del resto de los planetas para esa distancia en el tiempo era laborioso pero posible con las tablas existentes desde la Edad Media.

11. Claro, él está más que familiarizado con la pintura y reconoce el resplandor del Sol y a la creciente lunar que se unen en ella.

12. Si buscamos un fenómeno astronómico realmente fuera de lo normal, tenemos que irnos cinco años y medio antes, cuando Venus pasó por encima del disco solar. Esto ocurrió al medio día del 23 de mayo de 1526 y fue visible en todo el país.

13. Aquí incluso puedo decir que uso la palabra «contemplar» en un sentido técnico. El propio Ptolomeo nos explica que existen signos que se contemplan y otros que no.

14. He de confesar que el Sol de mi horóscopo está justamente en antiscia con la Luna del de mi esposa.

15. Doy las fechas de acuerdo con el calendario gregoriano, que nos rige en la actualidad; y no el juliano, vigente en 1531 y en el que se dan las fechas de las apariciones.

16. No tenemos los datos de nacimiento de Cortés, pero veamos lo que dice el astrólogo de comienzos del siglo XVI, Henrico Martínez, de los Sagitarios: «será de mediana estatura, la frente y *barba aguda* (…) será inclinado a la guerra y de andar a caballo (…) amigo *de pasar la mar y andar por tierras ajenas*». Cursivas mías.

17. Aunque al menos he encontrado dos fechas distintas para el nacimiento de Villa, la que parece más probable es el 5 de junio de 1878. Así que se trata en realidad de un Géminis.

18. Véase sobre todo: *The Astrology of Fate*, de Liz Green, Weiser, 1984; y *The Archetypes of the Zodiac* de Katheleen Burt, Lewellyn, 1988.

19. Los siete pecados capitales se derivan de los siete planetas conocidos en la Antigüedad colocados en sus signos de exilio. La Luna exiliada en Capricornio corresponde a la pereza.

20. Recordemos, por ejemplo, que Atenea, al haber nacido de la cabeza de Zeus sin participación de mujer, tiene que entenderse como un atributo femenino de este dios.

Las diosas

1. Tanto por su cercanía al Sol (Luna nueva), como por encontrarse debajo del horizonte.

2. Esta idea, reconocida en la astrología hasta el Renacimiento, fue prácticamente olvidada durante los siglos XIX y XX. Se trata de las sectas o sectores planetarios.

3. Al parecer el culto a Palas Atenea tiene su origen en Libia. Ya en la Grecia clásica, su madre, Metis (otra de sus hijas es Medusa) es tragada por Zeus, lo cual le produce un tremendo dolor de cabeza que sólo se remedió cuando Efeso le dio un golpe en la misma con un hacha. De la herida producida nació Palas Atenea completamente vestida y con armadura.

4. Tiempo después de escribir esto encontré un texto de la especialista en astrología clásica, la doctora Lee Lehman, donde hace una reflexión que complementa la mía sobre la casa tres, la diosa y la herejía. La incluyo como apéndice.

5. En el apéndice doy una explicación de lo que entiendo por arquetipo.

6. Sigo la costumbre iniciada en 1973 por la astróloga norteamericana Eleanor Bach, de usar sólo los cuatro primeros asteroides

en ser descubiertos. Por qué decido incluirlos se explicará por sí mismo más adelante.

7. Casi todos quienes cuentan la historia del descubrimiento de Plutón coinciden en que el nombre fue escogido por una niña en honor al perro de Mickey Mouse.

8. Es razonable pensar, como lo sugiere Robert Graves, que el reino subterráneo de los muertos implica un regreso a la Madre Tierra y por lo tanto originalmente era territorio de la diosa.

9. Una se basa en su velocidad media, la otra incluye en el cálculo ciertos elementos que hacen que su movimiento no sea estable. Como se trata de dos distintas maneras de definir un punto y ambas a la larga siempre coinciden, no se puede verdaderamente decir que una sea más verdadera o válida que la otra. El uso de una o de otra al final termina por ser, como muchas cosas en la astrología, cuestión de gustos.

10. Los primeros cuatro asteroides que fueron descubiertos, Ceres o Démeter (1801), Palas Atenea (1802), Juno o Hera (1804) y Vesta o Hestia (1807) completan la presencia de las diosas olímpicas en el sistema astrológico. Antes, sólo Artemisa (la Luna) y Afrodita (Venus) participaban en él.

11. Sor Juana Inés de la Cruz nació el 12 de noviembre de 1648 en San Miguel Nepantla, muy cerca de Amecameca en el Estado de México. Como era de esperarse, no hay registro de la hora de nacimiento. Una rectificación apresurada me hace sospechar que nació cerca de las 8 de la mañana, lo que le daría un ascendente Sagitario.

12. De haber seguido vivas la mayoría de ellas tarde o temprano se habría casado e intentado tener una familia. Es al estar muertas que se les puede identificar permanentemente con estos símbolos.

13. La trama incluso puede ser más complicada, en el inquietante *Rape and Ritual: A Psychological Study*, Inner City Books, Toronto, 1982, Bradley Te Paske hace notar como Rea, la madre de Démeter y abuela de Perséfone, ayuda a Hades a cometer el rapto y la violación.

14. La antología *Anatomía del Mexicano*, seleccionada por Roger Bartra y publicada por Plaza y Janés, es tal vez la mejor introducción a este tema.

15. La palabra «cereal» y la palabra «Ceres» tienen el mismo origen. Esta diosa, que preside sobre la comida en general, tiene una particular afinidad con los granos, como el maíz.

16. Véase Liz Greene, *The Astrology of Fate*, Weiser, 1984.

17. Martínez hace el traslado de los cielos a la Tierra haciendo una equivalencia entre el sistema de coordenadas ecuatorial (que utiliza al ecuador celeste como plano de referencia) y el sistema de coordenadas geográfico (que utiliza al ecuador terrestre como plano de referencia). La constelación que, según él, mejor corresponde a la posición geográfica de México (de aquel entonces) con ese método es justamente la de Pegaso.

18. Tovar y de Teresa, Rafael, *Pegaso*, editado por Vuelta.

19. Las constelaciones zodiacales son exclusivamente las que cruzan la eclíptica o camino aparente del Sol a lo largo del año. Ningún punto de la constelación de Pegaso cruza esta zona.

20. La descripción que hace Octavio Paz del carácter del mexicano al comienzo del capítulo «Los hijos de la Malinche», del *Laberinto de la Soledad*, pudo muy bien haberse usado en un libro de texto de astrología para hablar del signo de Escorpión en el ascendente.

21. Finalmente, es al homosexual en el rol pasivo a quien se devalúa en el juego de albures. Justamente aquél que asume el papel femenino.

22. Como bien lo señala Jorge Portilla en su *Fenomenología del Relajo*.

23. Sor Juana Inés de la Cruz nació bajo el signo de Escorpión. Recordemos de ella nada más su extraordinariamente críptico *Primero Sueño* que, por cierto, de acuerdo con un convincente argumento del astrólogo Américo Larralde, probablemente describe el movimiento de la bóveda celeste el día de un eclipse de Luna.

24. Estrictamente hablando el calificativo «benéfico» se refiere al planeta cuyo balance de cualidades esenciales lo hace mas equilibrado. «Maléfico» sería lo opuesto e implica que una cualidad esencial está presente en extremo. Saturno, el gran Maléfico, tiene un exce-

so de frío, mientras que Marte, el pequeño Maléfico, tiene un exceso de calor. Su efecto, por lo tanto, implica necesariamente una pérdida del balance.

25. Estuvo cerca de ser completa por un factor que no estaba bajo control de los conquistadores: las epidemias.

26. De las llamadas estrellas rosadas.

27. No debido a algún tipo de actividad termonuclear, como las estrellas, sino a que el interior todavía está caliente, como el de la Tierra.

28. Un «recetario astrológico» o *Cookbook* es un libro que ofrece recetas para interpretar pares de factores astrológicos como: «Venus en Capricornio» o «Saturno en la casa VI» o «Júpiter en Escorpión», en el mismo estilo de los reportes astrológicos de computadora, pero con una pretensión enciclopédica.

29. Ambos usaron las distancias proporcionales entre los planetas para determinar su posición. Dichas distancias o ley de Titus-Bode eran suficientemente precisas a mediados del siglo XIX, pero cincuenta años antes o después les hubieran arrojado una posición completamente errónea.

30. Con excepción de la Luna, que en pocas horas cambia de forma notoria su posición en el Zodiaco, el resto de los planetas, particularmente los exteriores, apenas se mueve en el lapso de unos pocos días.

31. La cuadratura geocéntrica exacta fue al día siguiente, el 10 de diciembre de 1531.

32. Dane Rudhyar y Leyla Rael, *Astrological Aspect*, Aurora Press, 1980.

33. *Ibid.*

34. Liz Greene, *The Astrological Neptune*, Samuel Weiser, 1996.

35. Charles Harvey, *Anima Mundi, The Astrology of the Individual and the Collective*, CPA Press, 2002.

36. Charles Harvey, uno de los grandes especialistas en la materia, decía que las fases de un ciclo entre dos planetas sólo pueden entenderse si se tiene permanentemente como referencia la conjunción inicial.

37. Desde el punto de vista geocéntrico la conjunción entre Saturno y Neptuno ocurrió tres veces. La primera el jueves 30 de abril de 1523, la segunda el sábado primero de agosto y la tercera el domingo 31 de enero de 1524.

38. Cada punta corresponde a una conjunción (36 años × 9 = 324 años aproximadamente).

39. En el arte románico con frecuencia se representaba a Cristo dentro de una mandorla para simbolizar que en él conviven las naturalezas humana y divina.

Símbolos sabianos

1. Los símbolos sabianos es un juego de 360 imágenes correspondientes a cada uno de los grados del círculo del Zodiaco de uso popular entre los astrólogos de la actualidad.

2. Marc Edmund Jones, *The Sabian Symbols in Astrology*, Sabian Publishing Society, 1969.

3. Estrictamente no es un querubín, puesto que tiene brazos y torso, pero hay una fuerte similitud iconográfica.

4. Que es publicado dos años después, en 1848.

5. El cinturón de Kuiper es un cinturón de cuerpos celestes de tamaño menor al de los planetas en la parte externa del sistema solar y probablemente formado por varios miles de objetos. Algunos astrónomos sostienen que el propio Plutón pertenece al cinturón de Kuiper.

6. Tengo entendido que, cuando un hijo es el producto de una violación, las madres tienen reacciones polares frente a ellos: rechazo y no aceptación o un apego extraordinario.

7. Aquí hablamos de Quirón, un planetoide que orbita al Sol, pero de hecho hay dos constelaciones que representan centauros. Una es Sagitario y la otra, la asociada a la historia de Quirón, es El Centauro.

8. Cientismo, citando al historiador Jacques Barzun, es «la falacia de creer que el método científico debe de ser usado en todas las formas de experiencia y, después de cierto tiempo, resolverá cualquier cosa».

9. Una interpretación literal de Quirón en Piscis puede ser, justamente, heridas en los pies.

10. Los nodos de la Luna forman un eje en el Zodiaco y se mueven en sentido contrario al orden de los signos, tardando 18.618 en recorrerlo.

11. La palabra «deseo» (*desire* en inglés) viene del latín *de-siderius*, que quiere decir literalmente «separado del cielo», incompleto. Como siempre el diccionario etimológico de Corominas documenta muy bien su ignorancia en estos asuntos.

12. Marc Edmund Jones, *The Sabian Symbols in Astrology*, Sabian Publishing Society, 1969

13. Me hace gracia revisar el símbolo sabiano para el grado del Nodo Norte, el que representa integración y plenitud: «Un hombre calvo domina una reunión de líderes nacionales».

14. En una revisión rápida encuentro a Franklin D. Roosevelt, James Joyce, Pablo Picasso, Herman Melville y Vaclar Havel y el Dalai Lama, por nombrar unos cuantos. Desafortunadamente es difícil obtener los datos de nacimiento de mexicanos célebres para usarlos como ejemplos.

15. De acuerdo con la cuenta astrológica, donde los días de la semana se establecen a partir del amanecer, no de la media noche. Siguiendo la cuenta civil, el 9 de diciembre de 1531 fue sábado.

16. En la Roma clásica el día tenía nada más 12 horas. La utilización de 24 horas fue producto de la influencia judía durante los últimos siglos del imperio.

17. El 25 de mayo de 1518 y el 23 de mayo de 1526 Venus pasó por enfrente del disco solar en un fenómeno que ocurre cada 121.5 años, luego 8, luego 105 y luego 8 más, para repetirse de nuevo. Se trata de eventos de gran importancia astrológica, pero incluirlos en nuestra discusión la desviaría y complicaría innecesariamente, así que los dejaremos fuera.

18. Venus en este mapa está vinculada estrechamente a Urano por la relación de contra-antiscia, que es simbólicamente equivalente a una oposición.

19. Esto se debe a que mientras más lejos del ecuador se esté, el ángulo con el que los planetas cruzan el horizonte se vuelve cada vez más oblicuo.

20. O, de acuerdo con Hesiodo, sepultados en el propio cuerpo de la diosa.

21. No escojo esta historia, de las muchas en las que participa Afrodita, de forma casual. En este horóscopo, Urano, Saturno y Venus están unidos entre sí por una serie de antiscias, contra-antiscias y oposiciones.

22. Si graficamos el movimiento de Venus en el cielo con una línea continua, ésta nos dibuja una flor perfecta de cinco pétalos. Ningún otro planeta produce una figura similar. Las rosas tienen cinco pétalos verdaderos, el resto son estambres que los criadores a lo largo de los siglos han logrado modificar.

23. José Manuel Redondo me ha hecho notar que una orden de magos paganos en Alemania la utiliza en sus rituales. Los chamanes peruanos también tienen una peculiar relación con ella.

24. Es justo señalar que la importante obra de Lafaye es, a diferencia de ésta, un trabajo histórico serio.

25. Devorar equivale a integrar, pero no es eso lo que parecen estar haciendo el águila y la serpiente en nuestro escudo.

26. Innana, la Venus sumeria, era frecuentemente representada con cara de serpiente. Es justamente con esta forma como interviene en la relación entre Adán y Eva en el jardín del Edén.

27. Animal emblemático del Sol, astro que era visto como el «ojo del día» por la tradición grecolatina, y de Júpiter, planeta que preside sobre la bóveda celeste diurna.

28. Melanie Reinhart, *Chiron and the Healing Journey*, Arkana Penguin, 1989.

29. Por ejemplo en el tratado cuarto del *Reportorio de los Tiempos* Henrico Martínez dice: «Si el señor de la primera casa estuviere debajo de los rayos del Sol, denota grave y peligrosa enfermedad.»

30. Se trata de 8.5 grados, los cuales hacen referencia a la distancia a la que tiene que estar un planeta o estrella para poder ser visto inme-

diatamente antes de la salida o después de la puesta del Sol. Es lo que se conoce como salida heliacal e implica la primera visibilidad de un cuerpo celeste después de hacer conjunción con el Sol. Venus es un caso especial, ya que en algunas raras ocasiones puede llegar a verse incluso a sólo 5 grados del Sol, aunque por uno o dos minutos.

31. Como astrólogo tengo que reconocer que puedo sentirme tan cerca como cualquiera al mundo de los arquetipos y, por lo tanto, yo participo de la ceguera de la que hablo.

32. Este mismo contacto Sol-Neptuno se repite en la carta de la Independencia (28 de septiembre de 1821). Véase mi libro *Vicios y Prejuicios de la Astrología.*

33. La mañana del 4 de noviembre de 1431 Júpiter y Saturno estaban exactamente a la misma distancia que en la carta de la virgen. Al comparar cuantitativamente ambas fechas encuentro sesenta por ciento más de contactos entre ellas que los que serían de esperarse al comparar las posiciones planetarias de dos fechas al azar.

34. Florence y Kenneth Wood, *Homer's Secret Iliad, The Epic of the Night Skies Decoded.*

35. Véase: Hamish Watson, *The Jupiter-Saturn Resonant Perturbations and the Business Cycle*, Brockett Publishing Ltd. 1989 y, del mismo autor, *The Timing, nature, and Cause of the Business Cycle*, 1990. Por cierto, el doctor Watson es un economista formado en Cambridge, no un astrólogo.

36. Henrico Martínez le dedica el tratado quinto de su *Reportorio de los Tiempos* a la conjunción entre Júpiter y Saturno del 24 de diciembre de 1603 (según los cálculos modernos fue el 17 de diciembre de ese año).

37. Liz Greene and Stephen Arroyo, *The Júpiter/Saturn Conference Lectures*, CRCS Publicaciones, 1982.

38. John Addey, «Fivefold Division and Sub-divisions in Astrology», en: *Selected Writings*, American Ferreration of Astrologers, 1976.

39. Bil Tierney, *Dynamics of Aspect Analysis*, CRCS Publications, 1983.

40. David Hamblin, *Harmonic Charts*, The Aquarian Press, Great Britain, 1987.

41. Al parecer esa característica de las manzanas hizo que fueran una de las contraseñas con que se reconocían entre sí los miembros de la sociedad secreta pitagórica.

42. Dane Rudhyar, Leyla Rael, *Astrological Aspects*, Aurora Press, 1980.

Reflexión final

1. Se olvida fácilmente que, en sentido estricto, la palabra «evolución» es poco apropiada para hablar de cosas espirituales. «Crecimiento», «desarrollo», «perfeccionamiento», incluso «progreso» con su carga de modernidad, son términos más adecuados.

Apéndice

1. Lo que quiere decir es que por las noches es posible ver la estrella polar. Esto era entonces de particular importancia para la navegación.

2. El temperamento melancólico, que es lo que ahora se llama depresión, está asociado a los signos de Tierra.

3. Le llama «equinoccial» a la línea del ecuador.

4. El Sol sale y se pone en el límite norte de su trayecto anual sobre el Trópico de Cáncer, donde parece no moverse ni al sur, ni al norte por espacio de ocho días. De ahí la palabra «solsticio» que quiere decir sol detenido.

5. El Sol llega al cenit de la Ciudad de México el 17 de mayo y luego el 23 de julio aproximadamente, así que lo que aquí quiere decir Martínez es que el Sol comienza su regreso en dirección norte al comienzo de Capricornio.

6. Quiere decir que tiene dificultades para parir.

7. Los párrafos de Fírmico Materno y el cuadro que aparece a continuación son tomadas del libro *Astrological Essays* de Maurice McCann editado por Tara Astrological Publications en el Reino Unido en el año 2003. La traducción del inglés es mía.

Bibliografía

Addey, John, *Selected Writings*, American Federation of Astrologers, EU, 1976.

Baigent, Michael, Campion, Nicholas y Harvey Charles, *Mundane Astrology*, Thorsons, Inglaterra, 1984.

Balbault Andre, *Astrología Mundial*, Visión Libros, Barcelona, 1981.

Bartra, Roger, selección, *Anatomía del Mexicano*, Plaza y Janés, México, 2002.

Beltrán Clausell, Juan Buautista, *La Estrella de los Magos*, Ediciones el Almendro de Córdoba, España, 1993.

Brading, David, *Mexican Phoenix*, Cambridge University Press, Inglaterra, 2001.

Bradley Te Paske, *Rape and Ritual: A Psychological Study*, Inner City Books, Canadá, 1982.

Bunker Dusty, *Quintiles and Tredeciles, The Geometry of the Goddess*, Whitford Press, EU, 1989.

Burt, Katheleen, *The Archetypes of the Zodiac*, Llewellyn, E.U. 1988.

Campbell, Joseph, *The Hero with a Thousand Faces*, Princeton University Press, 1973.

Campion, Nicholas, *The Book of World Horoscopes*, Cinnabar Books, Inglaterra,

Ebertin, Reinhold, *The Combination of Stellar Influences*, American Federation of Astrologers, EU, 1972.

Edinger, Edward, *Ego and Archetype*, Shambhala Publications, EU, 1972.

——, *The Creation of Consciousness*, Inner City Books, Canadá, 1984.

Garza-Valdéz, *Tepeyac, cinco siglos de engaño*, Plaza y Janés, México, 2002.

George Demetra, *Asteroid Goddesses*, ACS Publications, EU, 1986.

Green, Liz, *The Astrology of Fate*, Weiser, E.U. 1984.

—— y Arroyo Stephen, *The Júpiter/Saturn Conference Lectures*, CRCS Publicaciones, EU, 1982.

Greene Liz, *The Astrological Neptune*, Samuel Weiser, EU, 1996.

Hand, Robert, *Horoscope Symbols*, Para Research, EU, 1981.

Harvey Charles, *Anima Mundi, The Astrology of the Individual and the Collective*, CPA Press, Inglaterra, 2002.

Illich, Ivan, *Deschooling Society*, Marion Boyars Publishers, 1996.

Jones, Marc Edmund, *The Sabian Symbols in Astrology*, Sabian Publishing Society, EU, 1969.

Jung, Carl, *Portable Jung*, Viking, EU, 1976.

Kerenyi, C. *Zeus and Hera*, Routlege & Kegan Paul, Inglaterra, 1975.

Lafaye, Jacques, *Quetzalcóatl y Guadalupe*, FCE, México, 1977.

León-Portilla Miguel, selección, *Visión de los Vencidos*, UNAM, México, novena edición, 1982.

Lesur, Luis, *Vicios y Prejuicios de la Astrología*, Plaza y Janés, México, 2003.

Martinez, Henrico, *Reportorio de los Tiempos y Historia Natural de la Nueva España*, Centro de Estudios de Historia de México Condumex, México, 1981.

McCann, Maurice, *Astrological Essays*, Tara Astrological Publications, Inglaterra, 2003.

McCleary, Rollan, *Signs for a Messiah*, Hazard Press, Nueva Zelandia, 2003.

Neumann, Erich, *The Great Mother*, Princeton University Press, EU, 1972.

Noguez, Xavier, *Documentos Guadalupanos*, FCE, México, 1993.

Paul Tillich, *Dynamics of Faith*, Harper & Row, EU, 2001.

Quintana, José Miguel, *La Astrología en la Nueva España en el siglo XVII*, Bibliófilos Mexicanos, México 1969.

Reinhart, Melanie, *Chiron and the Healing Journey*, Arkana Penguin, Inglaterra, 1989.

——, *Incarnation*, Volume 8 CPA, CPA Press, Inglaterra, 1997.

Ridder-Patrick, Jane, *A Handbook of Medical Astrology*, Arkana, Inglaterra, 1990.

Rodrigo Martínez Baracs, *Tepeyac en la conquista de México: problemas historiográficos* en Tepeyac, Estudios Históricos, Universidad del Tepeyac, 2000.

Rudhyar Dane, *Astrological Aspect*, Aurora Press, EU, 1980.

Steven Wallace, *Opus Posthumous*, Faber and Faber, EU, 1989.

Tovar de Teresa, Guillermo, *Pegaso*, Vuelta, Méx

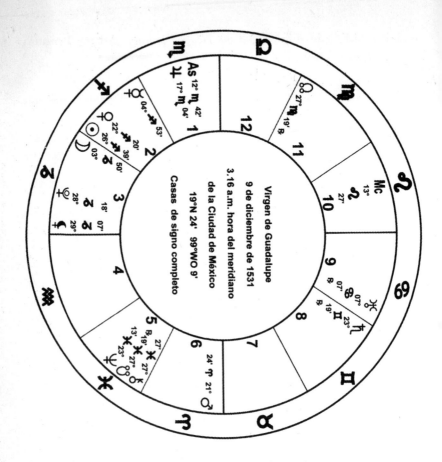

Virgen de Guadalupe
9 de diciembre de 1531
3.16 a.m. hora del meridiano
de la Ciudad de México
19°N 24' 99°WO 9'
Casas de signo completo

SG	NOMBRE	SG	NOMBRE
♈	ARIES	♎	LIBRA
♉	TAURO	♏	ESCORPION
♊	GEMINIS	♐	SAGITARIO
♋	CANCER	♑	CAPRICORNIO
♌	LEO	♒	ACUARIO
♍	VIRGO	♓	PISCIS

PT	NOMBRE	PT	NOMBRE
☉	SOL	⚷	QIRON
☽	LUNA	As	ASCENDENTE
☿	MERCURIO	Mc	MEDIO CIELO
♀	VENUS	☊	NODO NORTE
♂	MARTE	☋	NODO SUR
♃	JUPITER	⚸	LUNA NEGRA
♄	SATURNO		
♅	URANO		
♆	NEPTUNO		
♇	PLUTON		

Guadalupe, de Luis Lesur
se terminó de imprimir en junio del 2005 en
Litográfica Ingramex, S.A. de C.V.
Centeno 162-1, Col. Granjas Esmeralda,
México, D.F.

CALIDAD
ISO 9000
CERTIFICADA
Certificado No. 02-2082